MW01699373

petit livre

RECETTES POUR BÉBÉ

Caroline Bach

Ouvrage dirigé par Florence Le Bras

FIRST ÉDITIONS

Légende des pictos

..... Nombre de personnes
..... Temps de préparation
..... Temps de cuisson
..... Temps de repos
..... Trempage/marinade/infusion
..... Temps de réfrigération
..... Temps de congélation

ISBN : 978-2-412-03550-4
Dépôt légal : mars 2018
Imprimé en Italie

Direction éditoriale : Aurélie Starckmann
Mise en page : Istria

Éditions First, un département d'Édi8
12, avenue d'Italie
75 013 Paris – France
Tél. : 01 44 16 09 00
Fax : 01 44 16 09 01
e-mail : firstinfo@efirst.com
Site Internet : www.editionsfirst.fr

Sommaire

INTRODUCTION	5
DE 4 À 6 MOIS	17
À PARTIR DE 7 MOIS	51
À PARTIR DE 8 MOIS	87
À PARTIR DE 9 MOIS	115
À PARTIR DE 12 MOIS	153
À PARTIR DE 13 MOIS	197
À PARTIR DE 18 MOIS	217
À PARTIR DE 24 MOIS	253
À PARTIR DE 3 ANS	287
INDEX DES RECETTES	307

Introduction

Que faut-il pour devenir un adulte gourmet, qui apprécie les saveurs et aime cuisiner ? Sans doute une éducation gustative précoce par une maman ou un papa qui aime faire découvrir à son enfant des goûts nouveaux au bon moment, et avec diplomatie.

Il y a un âge pour tout

Si l'alimentation exclusivement lactée est recommandée jusqu'à 4 mois, il est nécessaire de faire découvrir peu à peu à l'enfant des saveurs nouvelles, selon un calendrier bien précis, afin de ménager son tube digestif encore fragile et immature.

L'alimentation de votre bébé de 4 mois à 1 an

Peu à peu, vous allez faire découvrir à votre enfant les bienfaits et les plaisirs d'une alimentation diversifiée. Certains bébés ont une grande curiosité gustative, d'autres sont plus réticents à accepter le changement. Respectez la personnalité de votre enfant, n'imposez pas, proposez.

En cas de refus, attendez quelques jours pour renouveler l'expérience.

La découverte de la cuillère

C'est à partir du quatrième mois que la déglutition volontaire se met en place. C'est à ce moment-là que l'alimentation va pouvoir s'épaissir, se diversifier et que le passage à la cuillère va se faire. L'enfant risque de ne pas immédiatement accepter cet objet froid, dur, si différent de la tétine. Plusieurs tentatives seront en général nécessaires.

L'important, c'est que l'ustensile soit adapté aux dimensions de la bouche de votre tout-petit. Choisissez une cuillère droite, très étroite et plate afin que le bébé puisse, dans un premier temps, sucer son contenu.

La cuillère en silicone peut permettre une bonne transition avec la tétine du biberon. Celle en plastique, matériaux moins froid que le métal, est tout autant agréable en bouche. Très douce, elle ne risque pas de blesser les gencives, parfois douloureuses et irritées à l'approche des premières dents.

Commencez le repas par 1 à 2 cuillerées avant de donner le biberon. En effet, s'il est rassasié, Bébé ne fera aucun effort pour « goûter » à cette nouveauté.

Le passage du liquide au solide

Dans un premier temps, l'alimentation de Bébé va s'épaissir. C'est vers le troisième ou le quatrième mois que le biberon peut être enrichi de farine sans gluten (type diase), aromatisée ou non. On l'introduit généralement dans le biberon du soir, surtout si le bébé a du mal à faire ses nuits, en commençant par 1 cuillerée à café, puis 2 cuillerées une semaine plus tard. Les doses sont toujours expliquées bien clairement sur les paquets. Il faudra attendre 10 mois pour introduire les farines aromatisées (vanille, chocolat).

Dans un deuxième temps, entre 4 et 6 mois, on propose les légumes sous forme de purées ainsi que les fruits en compotes (notamment de pommes). La saveur sucrée des compotes rend plus facile l'apprentissage de la cuillère. C'est au repas de midi que vous pourrez commencer à introduire 2 à 3 cuillerées à café de purée de légumes ou de la compote de fruits (au goûter) avant le biberon de lait. Proposez-les soit à la cuillère, soit dans le biberon. Augmentez tous les deux jours de 2 à 3 cuillerées à café selon l'envie de l'enfant.

N'oubliez pas de donner de l'eau au cours du repas : c'est indispensable à partir d'un an.

L'introduction des laitages se fait à partir de 5 mois. Vous pouvez commencer à mélanger les compotes de fruits avec 1 ou 2 cuillerées de fromage blanc, de petit-suisse, ou de yaourt (toujours à 20 à 30 % de matière grasse). L'introduction des produits laitiers permet à Bébé de découvrir autre chose que le lait, qui doit cependant garder une place importante dans son alimentation : pas moins de 500 ml de lait ou de laitages par jour jusqu'à 12 mois !

À partir de 7 mois, le moment est venu de goûter les **fromages à pâte molle** (crèmes de gruyère…) et une fine lamelle de gruyère. Proposez-lui ces fromages à la place du yaourt ou du petit-suisse à un des deux repas principaux de la journée.

Vers 6 mois environ, on peut commencer à introduire la **viande hachée (ou le poisson)**, en commençant par 1 cuillerée à café à un repas, puis 1 cuillerée à soupe, en allant progressivement. On débute donc avec 10 g de viande et l'on arrive, à 1 an, à 20-25 g. Les œufs sont à introduire à partir de l'âge de 7 mois : ¼ d'œuf dur d'abord, puis ⅓ et ½ à 10-12 mois.

Enfin, à partir de 7 mois, on peut donner des **féculents** ainsi que les **légumes en morceaux**. Après les purées de légumes et de pommes de terre, c'est l'arrivée des **petites pâtes** ! Choisissez-les fines, comme le vermicelle ou l'alphabet, et incorporez-les dans la soupe ou la purée de Bébé.

Côté légumes, si votre bébé a des dents, les petits morceaux tendres, comme de la carotte cuite, peuvent être proposés.
C'est seulement à partir de 15 -18 mois que les légumes secs, pourront désormais être incorporés dans le plat principal.
Pour la diversification de l'alimentation de Bébé, nous avons respecté les directives gouvernementales du Plan National Nutrition Santé (PNNS, www.mangerbouger.fr). Nous vous recommandons de suivre l'avis de votre médecin qui pourra l'adapter en fonction des particularités de votre enfant.

L'alimentation de votre enfant de 1 an à 3 ans
À partir de 6 mois, l'enfant a 4 repas par jour. Dès 1 an, il mange presque de tout. Les quantités vont progressivement augmenter au rythme de ses demandes. À vous de vous adapter et de lui proposer des aliments qui lui plaisent. N'oubliez pas que le décor de l'assiette est important et qu'il appréciera une présentation colorée, des croquettes en forme de cœur ou de poisson, une purée dessinée en forme de chat…

Respecter les goûts et les préférences de votre enfant

C'est la meilleure façon d'éviter une opposition de principe. Mais que faire s'il refuse un aliment ? N'insistez pas, mais ne vous découragez pas ! Proposez-lui à nouveau, quelques jours plus tard, puis réessayez plusieurs fois. Les enfants ont souvent peur de la nouveauté. En lui présentant l'aliment plusieurs fois ou en le faisant participer au repas familial, il se familiarisera aux nouveaux aliments !

Gérer les quantités et la fréquence des repas

Dès les premiers mois, un enfant est capable d'adapter les quantités qu'il consomme en fonction de ses besoins. Il régule ainsi sa prise alimentaire sur la journée : s'il mange trop lors d'un repas, il mangera moins au repas suivant… Faites-lui confiance, et s'il n'a plus faim, ne le forcez pas à finir son assiette !

Rythmer les repas

On prévoit 4 repas par jour dès 6-8 mois : petit-déjeuner, déjeuner, goûter et dîner. Structurer ainsi l'alimentation de votre enfant sur la journée lui permet d'acquérir de bonnes habitudes le plus tôt possible. C'est aussi un moyen de lui transmettre le plaisir de passer du temps à table.

Menus pour bébés

Voici quelques idées pour les repas de vos enfants en fonction de son âge.

À 4 mois

– 4 ou 5 fois par jour : biberon de lait 1er âge (ou 2e âge si la diversification a commencé).

On peut prévoir également 2 à 4 cuillerées à café de céréales sans gluten pour deux biberons au choix (en général matin et soir).

On peut commencer à introduire quelques cuillerées de légumes le midi ou de compote de fruits au goûter.

À l'âge de 5-7 mois

– Le petit déjeuner sera composé d'un biberon de lait avec parfois 1 à 2 cuillerées à soupe de céréales.

– Au déjeuner, une purée de légumes avec 1 cuillerée à café de viande ou de poisson, une compote de fruits.

– Au goûter, donnez-lui un biberon de lait et une compote de fruits.

– Enfin, le soir : une purée de légumes épaissie (avec de la purée de pommes de terre), un fromage blanc et un peu de compote de fruits ou un grand biberon de lait si Bébé est fatigué !

À l'âge de 8-12 mois

– **Le petit-déjeuner** : un biberon de lait avec 1 à 2 cuillerées à soupe de céréales.

– **Au déjeuner** : une purée de légumes et 1 cuillerée à café d'huile ou une noisette de beurre, 20 g de viande ou de poisson ou ⅓ d'œuf dur et un fruit cuit.

– **Au goûter** : un laitage et un fruit cuit mixé. Si Bébé a encore faim, donnez-lui un petit gâteau sec ou un morceau de pain.

– **Au dîner** : une purée de légumes avec pommes de terre, un fromage blanc et un peu de compote de fruits.

À 1 an

– **Au petit déjeuner** : un biberon de lait épaissi (farines de céréales) et éventuellement, une petite compote, s'il a bon appétit.

– **Au déjeuner** : initiation aux crudités, purée de légumes avec de la viande ou du poisson ou des œufs (une bonne cuillerée à soupe), puis pour terminer un fruit cuit et un laitage.

– **Au goûter** : biberon de lait et quelques biscuits ou du pain.

– **Au dîner** : soit purée de légumes épaissie et laitage plus fruit, soit biberon de lait épaissi avec des légumes et dessert de fruits cuits.

La plupart des recettes sont prévues pour un enfant. Les recettes pour 4 personnes permettent d'associer le plus petit au repas de toute la famille ou de congeler les plats afin de faciliter la vie les jours où vous êtes pressé.

Bon appétit, Bébé !

Enfants : les grandes phases de la diversification alimentaire						
Mois	1er	2e	3e	4e	5e	6e
Lait	Lait maternel exclusif ou					
	Lait 1er âge exclusif				Lait 1er ou 2e âge	
Produits laitiers					Yaourt	
Fruits					Tous : très mûrs	
Légumes					Tous : purée,	
Pommes de terre					Purée,	
Légumes secs						
Farines infantiles (céréales)					Sans gluten	
Pain, produits céréaliers						
Viandes, poissons					Tous	
Œufs						
M.G. ajoutés						
Boissons	Eau pure : proposée en cas de fièvre ou de forte chaleur					
Sel						
Produits sucrés						

Enfants : les grandes phases de la diversification alimentaire							
7^{e}	8^{e}	9^{e}	10^{e}	11^{e}	12^{e}	2e année	3e année
Lait maternel exclusif ou							
		Lait 2e âge ≥ 500 ml/j				Lait 2e âge ou de croissance	
ou fromage blanc –> Fromage blanc nature							
ou cuits, mixés, texture homogène lisse –––> crus, écrasés						en morceaux, à croquer	
lisse ––––––––––> petits morceaux							
lisse ––––––––––> petits morceaux							
						15-18 mois : en purée	
Avec gluten							
Pain, pâtes, semoule, riz							
10 g/j (2 cc)		Hachés : 20 g/j (4 cc)				30 g/j (6 cc)	
¼ (dur)		⅓ (dur)				½	
Huile (olive, colza…) ou beurre (1 cc d'huile ou noisette de beurre au repas)							
Eau pure							
						Peu pendant la cuisson, ne pas resaler à table	
Sans urgence, à limiter							

Source : www.mangerbouger.fr

Bouillon de carottes et laitue

1 · 15 min · 2 h

2 carottes • ½ laitue • 2 branches de persil plat • lait 2e âge

❶ Pelez et lavez les carottes, coupez-les en rondelles. Épluchez et lavez soigneusement la laitue. Lavez le persil. ❷ Mettez le tout dans une casserole avec 1 litre d'eau froide. Portez à frémissement sur feu doux pendant 2 heures. ❸ Versez le bouillon tamisé dans un biberon et complétez avec du lait à température souhaitée.

Notre conseil : vous pouvez remplacer la laitue par de la laitue frisée, de la batavia, ou de la feuille de chêne. Essayez d'autres fines herbes : basilic, ciboulette, estragon…

Bouillon de haricots verts

1 · 15 min · 1 h

1 poignée de haricots verts • 1 bouquet de persil plat • lait 2e âge

❶ Effilez les haricots verts, lavez-les soigneusement. Lavez le persil. ❷ Mettez-les dans une casserole avec 750 ml d'eau froide. Portez à frémissement sur feu doux pendant 1 heure. ❸ Versez le bouillon tamisé dans un biberon et complétez avec du lait à température souhaitée.

Délice de légumes

1 | 15 min | 20 min

1 petite courgette • ½ aubergine • 1 petite tomate • ½ oignon • huile d'olive

❶ Lavez la courgette et l'aubergine, pelez la tomate et l'oignon. ❷ Coupez en dés les légumes et faites-les cuire dans une grande quantité d'eau pendant 20 minutes. ❸ Une fois les légumes cuits, mixez-les et ajoutez un peu d'huile d'olive.

Notre conseil : pour les plus grands, vous pouvez ajouter 1 gousse d'ail et du poivre.

Potage Crécy

1 | 15 min | 30 min

100 g de carottes • 1 noisette de beurre • ½ cuil. à café de farine • ½ cuil. à café de crème fraîche

❶ Épluchez et lavez les carottes, coupez-les en rondelles, faites-les cuire pendant 20 minutes à l'eau bouillante. Lorsqu'elles sont bien tendres, égouttez-les (en réservant le jus de cuisson). ❷ Dans une casserole, faites fondre le beurre. Laissez refroidir, ajoutez la farine en remuant bien. Versez progressivement un peu de jus de cuisson à chaud en remuant, portez à ébullition et laissez épaissir à feu doux. ❸ Mixez ce mélange avec les carottes de façon à obtenir la consistance d'un potage. Ajoutez au besoin encore un peu de jus de cuisson des carottes. ❹ Incorporez la crème fraîche. Servez le potage tiède dans l'assiette de Bébé.

Potage aux 3 légumes

1 15 min 25 min

20 g de laitue • 50 g de carotte • 50 g de blanc de poireau • 80 ml de lait 2e âge

❶ Épluchez et lavez les différents légumes sous l'eau courante. Coupez le blanc de poireau et la carotte en rondelles de même taille. ❷ Commencez par faire cuire les rondelles de carotte dans un peu d'eau bouillante non salée. 5 minutes après le début de la cuisson, ajoutez les rondelles de poireau, 15 minutes après, les feuilles de laitue. Poursuivez la cuisson encore 5 minutes. ❸ Égouttez les légumes au terme de la cuisson. ❹ Placez-les dans le bol de votre robot-mixeur avec le lait. Mixez jusqu'à l'obtention d'un mélange homogène. ❺ Servez à Bébé.

Soupe de potiron

1 10 min 30 min

200 g de potiron • 300 ml de lait 2e âge • 1 jaune d'œuf écrasé • 1 noisette de beurre

❶ Épluchez le potiron et enlevez les pépins. Coupez-le en dés puis faites-le cuire 15 minutes à l'eau bouillante. ❷ Égouttez et mixez. Mélangez, à la purée de potiron, le lait et le jaune d'œuf. ❸ Remettez à cuire sur feu doux environ 15 minutes. Ajoutez la noisette de beurre au moment de servir.

Notre conseil : en cas d'antécédent d'allergie alimentaire, éviter l'œuf.

Soupe de courgettes

1 · 10 min · 35 min

1 oignon • 2 courgettes (200 g) • 1 noisette de beurre

❶ Pelez et émincez l'oignon. Faites-le blondir dans une casserole. ❷ Lavez les courgettes, coupez-les en dés et ajoutez-les dans la casserole avec un grand verre d'eau. Couvrez et faites cuire 30 minutes. ❸ Mixez. Ajoutez le beurre.

Soupe de pommes de terre

1 · 5 min · 25 min

2 grosses pommes de terre • 1 pincée de vermicelles • 1 noix de beurre • le jus d'½ citron • persil plat haché finement

❶ Pelez les pommes de terre, coupez-les en petits morceaux. Faites-les cuire dans un peu d'eau pendant environ 20 minutes. ❷ Mixez le tout en ajoutant un peu d'eau si nécessaire. Remettez sur le feu et portez à ébullition. Ajoutez alors les vermicelles et laissez cuire encore 3 minutes. ❸ Avant de servir incorporez le beurre, le persil et le jus de citron.

Soupe froide au concombre

1 | 10 min | 30 min

1 concombre • 300 g de fromage blanc • 30 cl de bouillon de volaille • 2 cuil. à soupe de jus de citron • feuilles de menthe

❶ Épluchez le concombre et retirez toutes les graines avec une petite cuillère. Mettez de côté un petit quart de ce concombre que vous couperez en petits dés ou en rondelles. ❷ Mixez le reste avec le jus de citron. Incorporez le bouillon et le fromage blanc. Laissez reposer 30 minutes au réfrigérateur. ❸ Servez en décorant de feuilles de menthe.

Notre conseil : vous pouvez aussi ajouter un peu d'aneth si vous le souhaitez.

Soupe de pommes de terre au cresson

1 | 10 min | 25 min

2 pommes de terre • 1 carotte • 2 poignées de cresson • 1 noisette de beurre

❶ Épluchez les légumes, coupez-les en morceaux, faites-les cuire dans une casserole d'eau 25 minutes. Ajoutez le cresson après 15 minutes de cuisson. ❷ Lorsque les légumes sont cuits, mixez-les en ajoutant l'eau de cuisson, versez dans un bol, beurrez et donnez à Bébé.

Notre conseil : si Bébé a déjà 6 mois, vous pouvez ajouter quelques pâtes à potage.

Soupe à la tomate

1 · 10 min · 20 min

1 tomate • 1 pomme de terre • 2 feuilles de basilic • 1 cuil. à soupe de fécule de maïs

❶ Épluchez la pomme de terre et la tomate, épépinez cette dernière. Coupez les légumes en quartiers. Mettez-les dans une casserole avec 500 ml d'eau. Faites-les cuire pendant 20 minutes avec le basilic. ❷ Mixez et ajoutez la fécule de maïs diluée dans un peu d'eau.

Variante : vous pouvez ajouter quelques haricots verts.

Velouté d'endives

1 · 15 min · 1 h

1 endive • 1 pomme de terre • 1 cuil. à soupe de fromage blanc battu à 40 % • 1 cuil. à soupe de jus de citron • 1 cuil. à café de sucre en poudre

❶ Épluchez l'endive en ôtant le trognon qui est amer, lavez-la et coupez-la en tronçons. ❷ Épluchez et coupez en morceaux la pomme de terre. Mettez le tout dans une casserole d'eau froide avec le citron, le sucre. ❸ Portez à ébullition puis, après avoir baissé le feu, laissez frémir doucement pendant près d'1 heure. ❹ Mixez ensuite et ajoutez le fromage blanc. Délayez avec le jus de cuisson et servez directement au biberon en prenant soin de vérifier la température !

Velouté à la citrouille

1 | 10 min | 40 min

1 tranche de citrouille • ¼ d'oignon • 1 pomme de terre • 1 branche de thym • 1 cuil. à café de crème fraîche

❶ Pelez la pomme de terre et l'oignon, coupez-les en petits morceaux. Faites revenir l'oignon bien roux. Ajoutez la citrouille coupée en morceaux, la pomme de terre et laissez cuire pendant 2 minutes. Ajoutez le thym et couvrez d'eau. Laissez cuire 35 minutes. ❷ Mixez la préparation avec un peu de bouillon selon la consistance désirée. Incorporez la crème fraîche avant de servir.

Velouté printanier

1 · 15 min · 25 min

50 g de petits pois écossés • 50 g de carottes • 50 g de haricots verts • 5 feuilles d'oseille • 1 branche de persil • 1 noisette de beurre

❶ Lavez les légumes. Épluchez la carotte et coupez-la en fines rondelles. Ciselez les feuilles d'oseille. Effilez les haricots verts en cassant les pointes. ❷ Faites cuire dans 300 ml d'eau bouillante pendant 25 minutes. ❸ Laissez tiédir, mixez et ajoutez la noisette de beurre et le persil.

Crème d'artichaut

1 · 5 min · 20 min

2 fonds d'artichaut congelés • 30 ml de lait 2e âge • 1 noisette de beurre

❶ Faites cuire les fonds d'artichaut à l'eau bouillante pendant 15 minutes puis mixez-les. ❷ Incorporez le lait à la purée d'artichaut. Portez le potage à la température souhaitée. ❸ Servez aussitôt en ajoutant la noisette de beurre.

Crème à la ciboulette

1 | 5 min | 5 min

1 yaourt • 100 ml de lait 2e âge • 1 jaune d'œuf • 2 brins de ciboulette

❶ Videz le yaourt dans une casserole. Ajoutez le lait, le jaune d'œuf et la ciboulette hachée finement. Mélangez bien. ❷ Faites tiédir sur feu doux, sans cesser de remuer. ❸ Reversez dans le pot de yaourt vide. Vérifiez la température. Servez à la petite cuillère.

Notre conseil : vous pouvez aussi préparer cette crème façon dessert. Il suffit de remplacer la ciboulette par 10 g de flocons de céréales instantanés sans gluten ou deux ou trois rondelles de banane écrasées.

Purée des 3 P

1 | 15 min | 25 min

1 pomme de terre • 1 blanc de poireau • 1 tranche de potiron • 1 noisette de beurre (ou une cuil. à café d'huile d'olive)

❶ Coupez le potiron en morceaux. Faites dorer le potiron dans un peu de matière grasse. ❷ Couvrez d'eau et ajoutez la pomme de terre ainsi que le poireau. Laissez cuire 20 minutes. ❸ Passez le tout au mixeur pour obtenir une purée.

Purée rose au poulet

1 | 15 min | 10 min

25 g de betterave rouge • 1 pomme de terre (50 g) • 25 g de blanc de poulet

❶ Coupez en petits dés la betterave et la pomme de terre. Mettez-les dans une casserole avec un peu d'eau. Faites cuire environ 10 minutes. Gardez le jus de cuisson. ❷ Faites cuire le morceau de poulet à la vapeur. ❸ Mixez le tout avec un peu de jus de cuisson, pour une purée plus ou moins épaisse.

Purée sucrée-salée

1 | 10 min | 15 min

100 g de courgette • 60 g de banane • quelques gouttes de jus de citron

❶ Coupez les 2 extrémités de la courgette. Lavez-la puis coupez-la en morceaux, faites-la cuire à la vapeur, environ 15 minutes. Passez la courgette et la banane épluchée au mixeur jusqu'à obtenir une purée onctueuse. ❷ Ajoutez alors quelques gouttes de citron. Servez aussitôt.

Purée de pommes de terre aux tomates

1 · 15 min · 15 min

100 g de pommes de terre • 100 g de tomates • 1 petit jaune d'œuf • 1 cuil. à soupe de beurre • 1 feuille de basilic

❶ Lavez les pommes de terre et faites-les cuire dans un peu d'eau, à feu doux, pendant 15 minutes. ❷ Portez de l'eau à ébullition. Lavez les tomates, plongez-les dans l'eau bouillante pendant 2 minutes. Égouttez-les, pelez-les et passez-les au presse-purée. ❸ Lavez la feuille de basilic et hachez-la finement. ❹ Pelez les pommes de terre, passez-les au moulin à légumes. ❺ Mélangez la pomme de terre, la tomate, le basilic et le beurre et versez dans une assiette creuse. Placez le jaune d'œuf cuit au milieu.

Purée de pommes de terre et de carottes à la viande

1 15 min 20 min

2 pommes de terre • 2 carottes • 30 g de bœuf haché • 1 cuil. à café de persil haché • 1 petit morceau de beurre

❶ Épluchez, lavez, coupez les légumes en morceaux et faites-les cuire dans une casserole d'eau pendant 20 minutes. ❷ Pendant ce temps, faites cuire la viande hachée dans une petite poêle. ❸ Mixez les légumes et la viande, versez le mélange dans l'assiette de Bébé, ajoutez le beurre, et le persil haché.

Purée de potiron au jambon

1 · 20 min · 25 min

2 pommes de terre • 300 g de potiron • ½ tranche de jambon • 1 petit morceau de beurre

❶ Épluchez, lavez, coupez les légumes en petits morceaux et faites-les cuire dans une casserole d'eau 25 minutes. ❷ Mixez les légumes, hachez le jambon et versez dans une assiette. ❸ Ajoutez le beurre.

Purée de poisson et artichauts

1 | 30 min | 35 min

20 g de filet de cabillaud • 2 artichauts (ou 2 fonds d'artichaut déjà cuits) • 1 noisette de beurre • jus de citron

❶ Lavez bien les artichauts et faites-les cuire à la vapeur pendant environ 15 minutes (ou au micro-ondes, les artichauts bien humides étant préalablement enveloppés d'un film plastique, pendant 8 minutes environ). ❷ Faites cuire au court-bouillon le poisson dont vous aurez préalablement ôté les arêtes. ❸ Une fois les artichauts cuits, effeuillez-les. ❹ Lorsque le poisson est cuit à son tour, passez-le avec les fonds d'artichaut dans le mixeur afin d'obtenir une purée onctueuse. ❺ Arrosez le tout de quelques gouttes de jus de citron afin que la préparation ne noircisse pas, ajoutez le beurre, mélangez et servez.

Brandade de poisson

1 15 min 25 min

1 grosse pomme de terre • 20 g de filet de colin • 30 ml de lait 2e âge • 1 noisette de beurre • chapelure fine

❶ Faites cuire la pomme de terre coupée en morceaux dans une casserole d'eau pendant environ 15 minutes. ❷ Dans une autre casserole, faites cuire le poisson au court-bouillon pendant environ 10 minutes. ❸ Réduisez la pomme de terre en purée et ajoutez le lait. ❹ Placez la moitié de cette purée dans un ramequin beurré, ajoutez une couche de poisson et recouvrez du reste de purée, et de la chapelure. ❺ Faites dorer légèrement au four et servez.

Mixé frais aubergine-fromage blanc

1 | 15 min | 15 min

180 ml d'eau minérale • 6 mesures de lait 2e âge • ½ aubergine • 2 cuil. à café de yaourt nature • 2 brins de cerfeuil

❶ Remplissez le biberon de 120 ml d'eau minérale. Ajoutez 6 mesures de lait. Refermez le biberon, mélangez bien. Réservez au frais. ❷ Lavez, égouttez le cerfeuil. Lavez et essuyez l'aubergine. ❸ Versez 1 litre d'eau dans un autocuiseur. Placez la moitié d'aubergine dans le panier de cuisson vapeur. Laissez cuire 5 minutes dès que la soupape chuchote. ❹ Grattez la pulpe avec une petite cuillère. Placez-la dans la cuve d'un mixeur. Ajoutez le yaourt et la moitié du lait. Mixez jusqu'à ce que le mélange devienne lisse et homogène. ❺ Versez cette préparation dans une assiette. Délayez-la avec le lait restant. Servez aussitôt après avoir décoré avec le cerfeuil.

Jambon à la purée de potiron

1 · 15 min · 10 min

100 g de jambon blanc • 200 g de potiron • 60 ml de lait 2e âge • 5 g de beurre

❶ Épluchez le potiron, coupez-le en morceaux. Faites-le cuire 10 minutes dans de l'eau non salée. ❷ Égouttez-le puis mettez-le dans le mixeur avec le lait, le jambon et le beurre. Mixez jusqu'à obtenir une crème homogène. ❸ Réchauffez avant de servir.

Blanc de poulet jardinière

(à partir de 6 mois)

1 · 15 min · 2 h

20 g d'escalope de poulet • 1 carotte • 1 navet • 1 poignée de haricots verts extra-fins • 1 poignée de petits pois • 1 branche de persil • 1 noisette de beurre • lait 1er âge

❶ Pelez la carotte et le navet. Lavez-les puis coupez-les en dés. Effilez les haricots verts. Lavez-les et coupez-les en petits morceaux. Lavez le persil. ❷ Mettez tous les légumes dans une casserole d'eau froide et faites cuire 2 heures à feu doux en ajoutant le poulet 10 minutes avant la fin de la cuisson. ❸ Mixez ensuite le contenu de la casserole avec la noisette de beurre. Ajoutez un peu de lait 1er âge et du persil pour servir dans le biberon ou donner à la cuillère.

Citrouille au four

1 · 15 min · 40 min

1 citrouille de taille moyenne • 2 ou 3 belles pommes • 500 ml de lait 2e âge • 1 petite pincée de cannelle en poudre

❶ Préchauffez le four à 225 °C (th. 7-8). Ouvrez le haut de la citrouille, enlevez les graines et prélevez la chair du centre à l'aide d'une grande cuillère. Coupez-la en petits morceaux. Épluchez les pommes puis découpez-les en tranches. ❷ Dans la citrouille, déposez une couche de pommes, puis une couche de morceaux de citrouille, en alternant les couches. ❸ Mélangez dans une jatte le lait et la cannelle, puis versez le tout dans la citrouille. ❹ Recouvrez-la de son chapeau que vous aurez préalablement ouvert au centre, et mettez-la au four pendant 40 minutes. ❺ Servez froid ou tiède.

Notre conseil : moulinez le contenu de la citrouille pour les plus petits.

Compote d'abricots

1 · 20 min · 15 min

3 ou 4 beaux abricots bien mûrs

❶ Lavez les abricots, ouvrez-les, dénoyautez-les. ❷ Mettez-les dans une casserole avec ½ verre d'eau, portez à frémissement pendant 15 minutes sur feu doux. ❸ Au bout de ce temps, mixez le contenu de la casserole, transvasez-le dans une coupelle et laissez tiédir pour donner à Bébé.

Compote de cerises au fromage blanc

1 · 10 min · 15 min

1 grosse poignée de cerises rouges bien mûres • 60 g de fromage blanc

❶ Lavez les cerises, enlevez leurs queues et leurs noyaux. Mettez les fruits dans une casserole avec 3 cuillerées à soupe d'eau. ❷ Faites cuire à feu doux pendant environ 15 minutes. Réduisez en purée et laissez refroidir un peu. ❸ Servez cette compote accompagnée de fromage blanc pour adoucir.

Compote de pommes

1 · 15 min · 20 min

1 petite pomme

❶ Épluchez la pomme et coupez-la en tout petits morceaux. ❷ Faites cuire dans une casserole avec un peu d'eau pendant environ 20 minutes. Mélangez et servez.

Compote pomme-banane

1 · 10 min · 15 min

1 pomme • 1 banane • 1 petit-suisse nature • 2 cuil. à café de miel • 1 pincée de cannelle en poudre

❶ Épluchez, lavez et coupez la pomme en morceaux. Faites cuire dans une casserole d'eau les morceaux de pomme pendant 15 minutes. ❷ Pelez la banane. Mixez les pommes avec la banane, versez la compote dans un bol, ajoutez le miel, la cannelle et le petit-suisse nature. Mélangez bien et donnez à Bébé.

Notre conseil : vous pouvez conserver cette compote 2 jours au réfrigérateur.

Compote pomme-poire à la cannelle

1 10 min 20 min

1 petite poire épluchée et coupée en morceaux • 1 petite pomme épluchée et coupée en morceaux • 1 pincée de poudre de cannelle

❶ Faites cuire les fruits dans une casserole avec un peu d'eau pendant environ 20 minutes. ❷ Ajoutez la cannelle et mixez.

Crème de banane au miel

1 10 min 5 min

1 petite banane (80 g environ) • 150 ml de lait 2e âge • 1 cuil. à café de miel

❶ Mixez la banane, le lait et le miel. Dans une casserole, faites chauffer ce mélange, à feu doux, 5 minutes sans faire bouillir. ❷ Versez dans un ramequin.

Notre conseil : pour éviter que la banane brunisse, vous pouvez ajouter 1 cuillerée à café de jus de citron.

Purée de fruits frais

1 | 15 min

1 prune • 1 kiwi • 1 pêche • 1 banane mûre • 1 agrume (orange, pamplemousse…) • 1 cuil. à soupe de fromage blanc

❶ Écrasez la prune, le kiwi, la pêche et la banane. ❷ Versez le jus de la moitié d'une petite orange, ou quelques gouttes de jus de citron, de pamplemousse, de raisin… ❸ Ajoutez le fromage blanc ou un petit-suisse.

Purée de potiron à la banane

1 — 15 min — 30 min

1 banane pas trop mûre • 50 g de pulpe de potiron • 1 pincée de cannelle

❶ Préchauffez le four à 180 °C (th. 6). Lorsqu'il est chaud, déposez la banane non pelée sur la plaque. Laissez cuire 25 minutes avant de la peler. ❷ Faites cuire la pulpe de potiron coupée en dés dans très peu d'eau. Lorsque le potiron est tendre, égouttez-le et pressez-le bien dans un torchon propre pour en extraire l'eau. ❸ Mélangez la banane cuite avec le potiron, ajoutez 1 pincée de cannelle et servez tiède.

Fruit au biscuit

1 — 10 min

1 biscuit pour bébé • le jus d'1 ou de plusieurs fruits frais

❶ Mettez le biscuit en morceaux à tremper dans le jus du ou des fruits pour qu'il ramollisse. ❷ Mixez et servez.

Lait au caramel

1 10 min

200 ml de lait 2e âge • 10 g de sucre

❶ Faites chauffer le lait, réservez-le. ❷ Faites fondre le sucre sur feu doux avec un peu d'eau dans une casserole à fond épais. Laissez chauffer jusqu'à ce qu'il prenne une couleur dorée foncée. À ce moment, éteignez le feu, versez le lait d'un seul coup et mélangez bien. ❸ Servez dans le biberon à la bonne température.

Lait de poule vanillé

1 5 min 3 min

200 ml de lait 1er âge • 1 jaune d'œuf • 1 sachet de sucre vanillé

❶ Dans une casserole, faites chauffer le lait sans le faire bouillir. ❷ Dans un bol, battez au fouet le jaune d'œuf et le sucre vanillé jusqu'à ce que le mélange mousse. ❸ Délayez avec le lait, servez dans le biberon à la bonne température.

Milk-shake banane

1 | 5 min

120 ml de lait 2e âge • ½ banane coupée en morceaux

❶ Passez la banane et le lait au mixeur jusqu'à l'obtention d'une crème onctueuse. ❷ Servez.

Mousse aux cerises

1 | 10 min

10 cerises • 1 cuil. à soupe de petit-suisse • 1 cuil. à café de sucre en poudre

❶ Mixez les cerises dénoyautées avec le petit-suisse. Ajoutez le sucre en poudre. ❷ Mettez au réfrigérateur avant de servir.

Mixé frais abricot-cannelle

1 · 10 min · 20 min

180 ml de lait 2e âge • 1 mesure de céréales sans gluten (type diase) • 2 abricots • 1 pincée de cannelle

❶ Versez le lait dans une casserole et faites tiédir sur feu doux. Ajoutez les céréales et la cannelle. Laissez cuire 10 minutes environ sans cesser de remuer. Laissez refroidir. ❷ Lavez et essuyez les abricots. Retirez les noyaux. Coupez les abricots en morceaux. Faites cuire ceux-ci avec un peu d'eau dans une casserole à feu doux pendant 20 minutes. ❸ Mixez les abricots avec le lait froid jusqu'à ce que le mélange soit lisse et homogène. ❹ Versez cette préparation dans une assiette. Servez aussitôt.

Notre conseil : si votre enfant a plus de 18 mois, vous pouvez aussi ajouter au mixé frais d'abricots quelques fruits rouges : fraises, framboises, mûres…

Potage mâche-poireau

1 · 10 min · 20 min

100 g de mâche • 150 ml de lait 2e âge • 50 g de blanc de poireau

❶ Lavez et hachez la mâche et le poireau. ❷ Dans une casserole, faites bouillir de l'eau et ajoutez le poireau émincé. Faites cuire 10 minutes. Ajoutez la mâche et laissez encore cuire 5 minutes. ❸ Mixez le poireau et la mâche et ajoutez le lait. Faites chauffer à nouveau 2 à 3 minutes sur feu doux.

Potage à la betterave

1 · 15 min · 15 min

70 g de betterave rouge • 70 g de pomme de terre • 1 cuil. à soupe de crème fraîche • 300 ml de lait 2e âge

❶ Épluchez les légumes et coupez-les en dés. ❷ Mélangez le lait et un petit verre d'eau, et portez à ébullition. Faites-y cuire les légumes pendant 15 minutes. ❸ Mixez. Versez dans un bol et déposez à la surface des pointes de crème fraîche.

Potage minute

1 | 10 min | 6 min

1 blanc de poireau • 1 pomme de terre • ½ carotte • 1 cuil. à café de sauce tomate • persil

❶ Épluchez les légumes, lavez-les et hachez-les finement. ❷ Placez-les dans un autocuiseur, ajoutez 250 ml d'eau et faites cuire 6 minutes. ❸ Passez au mixeur, ajoutez la sauce tomate. ❹ Lavez soigneusement le persil, essorez-le et hachez-le. Au moment de servir le potage, faites un dessin sur le dessus du potage avec le persil haché.

Notre conseil : pour les plus grands, vous pouvez servir ce potage accompagné de fromage râpé ou de biscuits salés soufflés.

Potage aux courgettes râpées

1 | 15 min | 20 min

½ courgette (80 g environ) • 150 ml de lait 2e âge • 1 carotte (80 g environ)

❶ Épluchez, lavez et coupez la carotte en rondelles. Lavez et râpez finement la courgette. ❷ Faites cuire les rondelles de carottes 15 minutes dans une casserole d'eau bouillante. Mixez-les. ❸ Dans une autre casserole, mélangez les courgettes finement râpées, la purée de carottes et le lait. Faites cuire environ 5 minutes à feu doux.

Potage au cresson

1 | 15 min | 1 h

1 pomme de terre • 1 grosse poignée de cresson • 100 ml de lait 2e âge • 1 cuil. à soupe de crème fraîche

❶ Mettez le cresson et la pomme de terre dans une casserole avec 750 ml d'eau froide et faites cuire pendant 1 heure environ. ❷ Passez au mixeur puis délayez avec le lait chaud et la crème fraîche. ❸ Mélangez et servez.

Soupe glacée aux concombres

1 15 min

1 concombre • 300 ml de fromage blanc • 300 ml de bouillon de volaille • 2 cuil. à soupe de jus de citron • feuilles de menthe

❶ Épluchez le concombre et retirez toutes les graines avec une petite cuillère. Mettez de côté un petit quart de ce concombre que vous couperez en petits dés ou en rondelles. Mixez le reste avec le jus de citron. ❷ Versez le bouillon et le fromage blanc au mélange ainsi obtenu. Vous pouvez ajouter aussi un peu d'aneth si vous le souhaitez. ❸ Ajoutez le quart de concombre coupé. Laissez reposer au réfrigérateur. Servez en décorant de feuilles de menthe.

Soupe à la tomate

1 · 10 min · 20 min

1 tomate • 1 pomme de terre • 2 feuilles de basilic • 1 cuil à soupe de Maïzena

❶ Épluchez la pomme de terre et la tomate, épépinez-la. Coupez les légumes en quartiers. Mettez-les dans une casserole avec 500 ml d'eau. ❷ Faites-les cuire pendant 20 minutes avec le basilic. ❸ Mixez et ajoutez la Maïzena diluée dans un peu d'eau.

Notre conseil : vous pouvez ajouter quelques haricots verts.

Velouté de courgettes

1 · 5 min · 15 min

1 ou 2 courgettes • 1 fromage fondu (type Kiri®) • 1 petite gousse d'ail écrasée • ciboulette ciselée

❶ Dans une petite casserole, faites cuire les courgettes et l'ail dans un peu d'eau pendant 10 à 15 minutes. ❷ Mixez avec le fromage fondu. ❸ Décorez avec la ciboulette.

Velouté vert amande

1 | 5 min | 15 min

1 belle courgette • 1 fromage fondu (type Kiri®) • 1 petite gousse d'ail écrasée • ciboulette ciselée

❶ Lavez et essuyez la courgette, coupez-la en morceaux. ❷ Dans une petite casserole, faites cuire les morceaux de courgette et l'ail dans un peu d'eau pendant 10 à 15 minutes. ❸ Mixez le tout avec le fromage fondu. Décorez avec la ciboulette.

Crème de maïs

1 | 10 min | 10 min

1 petite boîte de grains de maïs doux • 250 ml de lait 2e âge • 1 petite pincée de noix muscade en poudre • 1 noisette de beurre

❶ Rincez bien à l'eau les grains de maïs. ❷ Faites bouillir le lait. Une fois le lait chaud, passez le maïs au mixeur, en ajoutant petit à petit le lait, jusqu'à obtenir une crème bien onctueuse, puis ajoutez la poudre de muscade et le beurre. ❸ Servez.

Crème de petits pois au jambon

1 15 min 25 min

100 g de petits pois frais ou surgelés • 250 ml de lait 2e âge • 20 g de jambon blanc

❶ Mixez le jambon. Faites cuire les petits pois 20 minutes environ dans une casserole d'eau bouillante. Égouttez-les et mixez-les. ❷ Dans une casserole, faites chauffer à feu doux le jambon, les petits pois et le lait.

Purée de courgette au citron

1 10 min 15 min

150 g de courgette • 20 g de fromage blanc • 1 cuil. à soupe de jus de citron

❶ Coupez la queue et le bout arrondi de la courgette. Lavez-la soigneusement sans la peler. ❷ Faites cuire 15 minutes à l'autocuiseur à la vapeur. ❸ Passez au mixeur, en ajoutant le jus de citron, puis incorporez en fouettant le fromage blanc. ❹ Versez dans l'assiette de Bébé.

Crème de riz

1 | 10 min | 5 min

Prenez une tasse comme mesure : 1 mesure de riz moulu fin ou concassé • 1 mesure de lait • ¾ de mesure de sucre en poudre • 7 mesures d'eau • ½ mesure d'eau de fleur d'oranger

❶ Mettez les ingrédients (sauf la fleur d'oranger) dans une cocotte en fonte (de préférence) et sur feu doux. Faites chauffer sans cesser de remuer. Lorsque le mélange commence à bouillir, ajoutez la fleur d'oranger et laissez cuire encore, toujours en remuant. Quand la crème épaissit, éteignez le feu et versez dans un ramequin. ❷ Mettez au frais.

Crème de volaille

1 · 15 min · 40 min

20 g de blanc de poulet cru • 4 feuilles de laitue • 30 g de carotte • 30 g de navet • 50 g de courgette

❶ Lavez bien les légumes, épluchez-les. Coupez la carotte, le navet et la courgette en rondelles. Ciselez les feuilles de laitue. ❷ Mettez les légumes dans 30 ml d'eau sur feu doux pendant 35 minutes. ❸ À mi-cuisson, ajoutez le blanc de poulet coupé en petits morceaux. ❹ Une fois cuite, laissez tiédir la crème et mixez.

Purée d'artichaut au poulet

1 | 15 min | 13 min

150 g de fonds d'artichaut • 1 citron • 15 g d'escalope de poulet • 50 ml de lait 2e âge • 5 g de beurre

❶ Faites cuire les fonds d'artichaut dans de l'eau très chaude non salée additionnée d'une cuillerée à soupe de jus de citron pendant 10 minutes, puis ajoutez l'escalope de poulet. Laissez cuire encore 3 minutes. ❷ Placez l'escalope, les fonds d'artichaut et le lait dans le mixeur jusqu'à obtention d'une purée homogène. ❸ Réchauffez et ajoutez le beurre avant de servir.

Purée de poisson

1 | 5 min | 5 min

20 g de filet de merlan • ½ cuillerée à café de jus de citron • 1 noisette de beurre

❶ Faites cuire le merlan 5 minutes dans de l'eau bouillante, non salée et citronnée. ❷ Après l'avoir égoutté, passez au mixeur en incorporant le beurre.

Purée de potiron à l'œuf

1 | 30 min | 10 min

150 g de potiron • 1 jaune d'œuf extra frais • 50 ml de lait 2e âge

❶ Épluchez le potiron, enlevez toutes les graines, lavez-le à l'eau puis coupez-le en morceaux. ❷ Disposez-les dans une casserole contenant un peu d'eau. Laissez cuire 10 minutes puis placez les morceaux avec le lait dans le mixeur. ❸ Mixez jusqu'à obtention d'une purée homogène. ❹ Faites durcir un œuf. Enlevez la coquille et séparez le jaune du blanc. Écrasez le jaune à la fourchette et parsemez la crème de potiron avec le jaune d'œuf émietté.

Purée de pommes de terre

1 | 10 min | 20 min

1 grosse pomme de terre • 100 ml de lait 2e âge • 1 cuil. à café d'huile d'olive (ou tournesol) • 1 minuscule pincée de muscade

❶ Faites cuire la pomme de terre, épluchée et coupée en cubes, pendant 20 minutes. ❷ Faites tiédir le lait. Mélangez-le, hors du feu, à la pomme de terre écrasée. Ajoutez ensuite l'huile et la muscade.

Purée de haricots verts

1 | 15 min | 25 min

100 g de haricots verts frais • 1 branche de persil • 1 jaune d'œuf dur • 10 cl de lait 2e âge • 1 noisette de beurre

❶ Après les avoir lavés et écossés, faites cuire les haricots verts (de préférence à la vapeur) pendant environ 25 minutes. ❷ Une fois qu'ils sont cuits, égouttez-les et passez-les au mixeur avec le persil préalablement lavé et le jaune d'œuf dur. ❸ Ajoutez ensuite le lait, puis le beurre en petits morceaux. Mélangez bien et servez.

Purée de carottes

1 · 15 min · 30 min

1 grosse pomme de terre • 2 petites carottes • 1 branche de persil • 1 noisette de beurre • ¼ verre de lait 2e âge

❶ Mettez les légumes épluchés, lavés et coupés en morceaux, et le persil dans une petite casserole d'eau froide (ou à la vapeur) et laissez frémir pendant 30 minutes environ. Les légumes sont cuits quand votre fourchette peut les piquer sans difficulté. ❷ Égouttez et mixez finement les légumes cuits. ❸ Ajoutez le beurre et un peu de lait et mélangez.

Purée de fenouil

1 | 15 min | 15 min

1 petite pomme de terre • 100 g de fenouil • ½ carotte pas trop grosse • 200 ml de lait 2e âge • ⅓ de jaune d'œuf (ou 20 g de poisson blanc cuit et émietté) • 1 noisette de beurre

❶ Lavez et épluchez tous les légumes puis coupez-les en petits morceaux. Dans une casserole, versez les légumes, recouvrez d'un peu d'eau et faites cuire à feu doux pendant 15 minutes. ❷ Lorsque les légumes sont cuits, passez-les au mixeur afin d'obtenir une petite purée. Ajoutez ensuite le tiers de jaune d'œuf (ou le poisson), le beurre, le lait 2e âge tiède. ❸ Mélangez bien le tout et servez.

Purée d'endives au jambon

1 | 10 min | 20 min

1 endive • 1 pomme de terre • ½ tranche de jambon • 50 ml de lait 2e âge • 1 noisette de beurre

❶ Épluchez l'endive et la pomme de terre. ❷ Faites cuire les morceaux de pomme de terre 10 minutes dans un peu d'eau frémissante non salée. Ajoutez l'endive émincée. Poursuivez la cuisson 10 minutes. ❸ Égouttez les légumes. Mixez-les avec le jambon et le lait jusqu'à obtention d'une crème homogène. ❹ Ajoutez une noisette de beurre au moment de servir.

Notre conseil : vous pouvez remplacer le jambon par du fromage, ou remplacer l'endive par une poignée d'épinards.

Brandade d'épinards

1 · 30 min · 25 min

80 g de pomme de terre • 100 g d'épinards hachés surgelés • 50 ml de lait 2e âge • 20 g d'escalope de saumon • 1 noisette de beurre

❶ Épluchez et lavez la pomme de terre. Coupez-la en dés et placez les morceaux dans une casserole. Ajoutez les épinards décongelés et 100 ml d'eau. ❷ Faites cuire à feu très doux pendant 20 minutes. Ajoutez le morceau de poisson et continuez à faire cuire 4 minutes. ❸ Égouttez l'ensemble. Placez les légumes, le poisson et le lait dans le mixeur. Mixez jusqu'à obtention d'une purée homogène. ❹ Ajoutez le beurre avant de servir.

Hachis Parmentier

1 15 min 25 min

2 grosses pommes de terre • 30 g de steak de bœuf haché • ¼ de verre de lait 2e âge • 1 noisette de beurre

❶ Préchauffez le four à 210 °C (th. 7). Préparez une purée avec les pommes de terre (environ 15 minutes de cuisson) et le lait. ❷ Étalez la viande au fond d'un petit plat à four beurré, recouvrez d'une couche de purée. ❸ Déposez le beurre sur le plat et enfournez, laissez cuire pendant environ 10 minutes. ❹ Servez.

Notre conseil : vous pouvez remplacer le bœuf par du blanc de poulet ou de dinde. Votre préparation vous fera deux repas !

Caviar d'aubergine au bœuf

1 10 min 5 min

150 g d'aubergine • 10 g de viande de bœuf • 50 ml de lait 2e âge

❶ Lavez l'aubergine et partagez-la en deux. Placez les 2 morceaux dans un autocuiseur. Faites cuire 4 minutes à partir de la mise sous pression. ❷ Faites revenir la viande dans une poêle antiadhésive. ❸ Lorsque l'aubergine est cuite, grattez l'intérieur avec une petite cuillère puis placez dans le mixeur la chair d'aubergine, le lait et la viande. Mixez pour obtenir une purée homogène.

Bouillie de semoule à la ratatouille

1 · 10 min · 5 min

130 g de ratatouille en petit pot • 2 cuil. à soupe rases de semoule fine • 100 ml de lait 2e âge

❶ Faites chauffer le lait. Ajoutez la semoule. Portez à ébullition. Laissez gonfler 3 minutes environ à feu doux en remuant constamment. ❷ Retirez la casserole du feu, versez la bouillie dans une assiette creuse. ❸ Ajoutez la ratatouille préalablement chauffée à feu doux. Mélangez bien. Servez aussitôt.

Flan de courgette et comté

2 · 15 min · 20 min

2 petites courgettes (350 g) • 200 ml de lait 2e âge • 1 cuil. à café de farine • 1 œuf • 30 g de comté râpé

❶ Préchauffez le four à 200 °C (th. 7). ❷ Lavez et râpez les courgettes avec leur peau. ❸ Dans un saladier, mélangez le lait, l'œuf, la farine et la courgette. Versez dans 2 ramequins et saupoudrez de fromage râpé. ❹ Faites cuire au four 20 minutes environ.

Variante : vous pouvez ajouter 20 g de poisson, en miettes, préalablement cuit au four à micro-ondes.

Flan aux épinards

1 15 min 40 min

100 g de pommes de terre • 50 g d'épinards frais ou surgelés • 1 œuf • 6 cuil. à soupe de lait 2e âge • 1 cuil. à café de crème fraîche • 1 cuil. à café de chapelure • un peu de beurre ou d'huile

❶ Lavez les pommes de terre et faites-les cuire 20 minutes dans un peu d'eau. ❷ Portez à ébullition un peu d'eau. Nettoyez les épinards frais et mettez-les dans l'eau bouillante (ne pas décongeler les surgelés), portez de nouveau à ébullition et laissez cuire environ 2 minutes. Égouttez et réduisez en purée. ❸ Préchauffez le four à 180 °C (th. 6). Épluchez les pommes de terre et réduisez-les en purée. Mélangez avec les épinards, la chapelure et l'œuf. ❹ Graissez un petit moule et garnissez avec la purée. Faites cuire au four au bain-marie environ 15 minutes. ❺ Chauffez le lait avec la crème fraîche. Mettez le flan aux épinards sur une assiette et arrosez de lait.

Flan de merlan et purée de haricots verts au cerfeuil

2 · 15 min · 27 min

40 g de filet de merlan • 300 g de haricots verts • 100 ml de lait 2e âge • 1 jaune d'œuf extra frais • 1 cuil. à café rase de Maïzena • 1 branche de cerfeuil

❶ Lavez et équeutez les haricots verts. Faites-les cuire 15 minutes dans un peu d'eau frémissante non salée. Ajoutez le poisson, poursuivez la cuisson 4 minutes. ❷ Égouttez les haricots. Mixez-les pour obtenir une purée. ❸ Préchauffez le four à 180 °C (th. 6). Mixez le poisson. Ajoutez le lait, le jaune d'œuf, la Maïzena et le cerfeuil. ❹ Versez ce mélange dans la purée de haricots. Répartissez dans deux ramequins. ❺ Faites cuire 10 minutes au bain-marie dans le four.

Délice de poulet à la pêche

1 | 15 min

30 g de poulet cuit désossé et haché • 30 g de riz brun cuit • 1 pêche mûre • 1 cuil. à soupe de jus de pêche • 1 cuil. à soupe de lait 2e âge • 1 cuil. à dessert de germe de blé

❶ Mélangez ensemble tous les ingrédients, et hachez sommairement au robot de cuisine. ❷ Servez.

Poulet frais aux pamplemousses

1 | 15 min

20 g de blanc de poulet cuit et haché (ou escalope de dinde) • ½ pamplemousse rose • 120 g de fromage blanc à 40 % • 1 branche de cerfeuil

❶ Épluchez le pamplemousse, séparez-en les quartiers et ôtez la fine peau qui entoure la pulpe ainsi que les pépins. ❷ Écrasez les morceaux de pamplemousse, le poulet et le fromage blanc. ❸ Lavez et hachez le cerfeuil. ❹ Mixez tous les ingrédients ensemble jusqu'à obtention d'une crème. ❺ Servez bien frais.

Pintade à la mousse de pomme

1 15 min 10 min

1 pomme (reinette ou golden) • 100 g de fromage blanc à 40 % • 15 g de blanc de pintade (préalablement cuit) • 1 pincée de cannelle

❶ Pelez la pomme et coupez-la en quartiers en ayant pris soin d'enlever les parties dures du centre et les pépins. ❷ Saupoudrez de cannelle et faites cuire 10 minutes à la vapeur. Passez ensuite au mixeur avec le fromage blanc. ❸ Pendant ce temps, retirez la peau de la pintade et passez la viande à la moulinette. ❹ Transvasez la mousse de pomme dans l'assiette et parsemez-la du hachis de pintade : c'est prêt !

Poulet à l'estragon

1 5 min 15 min

15 g de blanc de poulet • quelques feuilles d'estragon • 1 noisette de beurre • ½ citron

❶ Préchauffez le four à 240 °C (th. 8). Disposez le poulet sur une feuille de papier d'aluminium préalablement refermée sur les côtés (comme une petite barque). ❷ Versez le jus du citron par-dessus et parsemez d'estragon lavé. Fermez alors le papier d'aluminium. ❸ Placez la papillote dans un four chaud pendant 15 minutes environ. ❹ Sortez la papillote du four, ôtez les feuilles d'estragon, et hachez ensuite le poulet. Ajoutez une noisette de beurre et servez.

Notre conseil : accompagnez d'une petite purée de carottes ou d'une purée de pommes de terre toute simple, c'est délicieux…

Colcannon (plat irlandais)

1 | 15 min | 20 min

1 grosse pomme de terre • 1 poireau • 1 petit chou • ½ oignon • 1,5 cuil. à soupe de crème fraîche

❶ Lavez, épluchez et coupez en petits dés le poireau, la pomme de terre et l'oignon. Hachez grossièrement le chou. ❷ Déposez le tout dans une casserole avec une petite quantité d'eau (les légumes doivent juste être recouverts) et portez à ébullition environ 20 minutes jusqu'à ce qu'ils soient tendres. ❸ Égouttez et écrasez tous les légumes et incorporez la crème fraîche avant de servir.

Quenelles d'épinards au bœuf

1 · 15 min · 25 min

100 g d'épinards hachés • 100 ml de lait 2e âge • 10 g de farine • 10 g de beurre • 2 cuil. à soupe de concassée de tomates • 20 g de bœuf haché

❶ Dans une casserole d'eau bouillante, faites cuire les épinards 10 minutes. Égouttez-les et réservez-les. ❷ Dans une poêle antiadhésive, faites revenir le bœuf, ajoutez la concassée de tomates et les épinards. ❸ Dans une casserole, faire fondre le beurre puis jetez-y en pluie la farine. Faites roussir quelques minutes et versez le lait. Laissez épaissir cette béchamel pendant 10 minutes. ❹ Réalisez de petites quenelles d'épinards avec 2 cuillères à soupe et nappez-les de béchamel.

Filet de cabillaud au fenouil

1 15 min 35 min

40 g de filet de cabillaud • ½ bulbe de fenouil (120 g environ) • quelques feuilles de basilic • 1 noisette de beurre

❶ Lavez le fenouil, puis faites-le cuire dans une casserole d'eau bouillante pendant environ 30 minutes, à feu moyen. Lavez les feuilles de basilic et coupez-les très finement à l'aide de ciseaux de cuisine. ❷ Une fois le fenouil cuit, réduisez-le en purée, mélangez-le avec le basilic et ajoutez 1 noisette de beurre. ❸ Dans une poêle antiadhésive, faites griller le poisson. Ôtez-en les arêtes, émiettez-le, puis disposez-le ensuite dans l'assiette de bébé. ❹ Ajoutez la purée de fenouil et servez.

Filet de merlan à la purée de brocolis

1 10 min 20 min

30 g de filet de merlan • 2 pommes de terre • 60 g de brocolis • 1 pincée de persil • 1 petit morceau de beurre

❶ Épluchez et lavez les légumes, coupez-les en morceaux et faites-les cuire dans une casserole d'eau pendant 20 minutes. ❷ Pendant ce temps, faites cuire le poisson dans une petite poêle, puis émiettez-le dans l'assiette de bébé. ❸ Mixez les légumes et versez-les dans l'assiette à côté du poisson, beurrez et ajoutez le persil.

Sole aux épinards

1 5 min 7 min

30 g de filet de sole • 1 petit pot d'épinards à la crème • 1 noisette de beurre

❶ Coupez le filet de poisson en fines lanières. ❷ Disposez les épinards sur du papier sulfurisé et éparpillez les lanières de sole par-dessus. Ajoutez le beurre, refermez en papillote et faites cuire 7 minutes à la vapeur. ❸ Pour servir, ouvrez la papillote et écrasez le poisson avant de le donner à Bébé.

Aubergine farcie aux herbes

1 | 15 min | 30 min

1 petite aubergine • 2 tomates bien rouges • ¼ d'échalote • quelques brins d'estragon frais (ou surgelé) • 1 bouquet garni (thym, laurier) • huile

❶ Préchauffez votre four à 210 °C (th. 7). Après avoir lavé soigneusement et piqué l'aubergine à l'aide d'une fourchette, faites-la cuire dans le four pendant 20 minutes environ. ❷ Pendant ce temps, plongez les tomates quelques secondes dans une casserole d'eau bouillante, afin que la peau se détache toute seule. Pelez-les et enlevez leur partie centrale. Ensuite coupez-les dans le sens de la largeur afin d'en ôter les pépins avec une cuillère à café. Coupez alors les tomates en petits dès. ❸ Hachez finement l'échalote et faites la très légèrement dorer à la poêle dans un tout petit peu d'huile. ❹ Ajoutez alors les tomates et le bouquet garni. Laissez cuire 10 minutes environ. ❺ Lorsque l'aubergine est cuite, coupez-la dans le sens de la longueur, nappez-la de cette confiture de tomates et saupoudrez légèrement d'estragon. Servez.

Artichauts marins

1 · 15 min · 20 min

15 g de filet de cabillaud • 2 fonds d'artichauts (crus ou déjà cuits) • 1 noisette de beurre • un peu de jus de citron

❶ Lavez bien les artichauts et faites-les cuire à la vapeur pendant environ 15 minutes. ❷ Faites cuire le poisson au court-bouillon après avoir ôté les arêtes. ❸ Une fois les artichauts cuits, effeuillez-les. Lorsque le poisson est cuit à son tour, mixez-le avec les fonds d'artichauts afin d'obtenir une purée onctueuse. ❹ Arrosez le tout de quelques gouttes de jus de citron (afin que la préparation ne noircisse pas), ajoutez 1 noisette de beurre, mélangez et servez.

Compote poire-abricot sur lit de crème

1 10 min 10 min

100 g de poires • 100 ml de lait • 1 cuil. à café de farine • 50 g d'abricots

❶ Lavez, pelez et coupez la poire en morceaux. Lavez les abricots et retirez-en les noyaux. Coupez-les en petits morceaux. ❷ Dans une casserole, faites cuire les fruits 5 minutes avec 50 ml d'eau. Mixez-les. Mélangez le lait et la farine. Versez le tout dans une casserole et faites cuire 5 minutes environ à feu doux afin de réaliser une petite crème. ❸ Dans un ramequin ou un petit bol, versez la crème et ajoutez dessus la compote de fruits.

Compote de poire à la vanille

1 — 10 min — 10 min

1 poire • 1 gousse de vanille

❶ Pelez la poire et coupez-la en lamelles en enlevant les parties dures et les pépins. ❷ Mettez-les dans une casserole avec un filet d'eau et la gousse de vanille fendue en deux. Laissez cuire 10 minutes. ❸ Mixez après avoir enlevé la vanille. ❹ Servez tiède.

Entremet glacé à la banane

1 — 5 min

120 ml de lait 2e âge • ½ banane • 1 cuil. à soupe de glace à la vanille • 1 minuscule pincée de cannelle ou de cacao en poudre (facultatif)

❶ Coupez la banane en petits morceaux, passez-la au mixeur avec le lait, la glace, jusqu'à obtention d'une crème onctueuse et homogène. ❷ Servez immédiatement dans un biberon dont la tétine est à large trou ou, pour les plus grands, dans un verre. ❸ Saupoudrez éventuellement de cacao ou de cannelle.

Mousse de poire-ananas

1 · 10 min

1 petite poire épluchée et coupée en morceaux • quelques morceaux d'ananas • ½ cuillerée à café de jus de citron • 1 petit-suisse

❶ Passez la poire et l'ananas au mixeur. ❷ Ajoutez le jus de citron et le petit-suisse. Mixez encore jusqu'à obtenir une crème mousseuse. ❸ Servez tout de suite dans un petit bol.

Fruits au cottage cheese

1 · 10 min · 30 min

½ tasse de cottage cheese • ½ tasse de fruits frais, crus ou cuits • 4 à 6 cuil. à café de jus d'orange • 2 cuil. à café de miel

❶ Mixez l'ensemble des ingrédients et faites rafraîchir au réfrigérateur 30 minutes. ❷ Servez froid.

Lait clair de lune

1 · 10 min

quelques fruits au choix (pêches, abricots, poires…) • 2 cuil. à soupe de sucre en poudre • ⅓ de jaune d'œuf • 1 cuil. à café de miel • 200 ml de lait 2e âge

❶ Réduisez les fruits que vous avez choisis en purée avec le sucre après les avoir bien sûr lavés, épluchés et dénoyautés. Utilisez un mixeur pour éviter les morceaux. Répétez l'opération jusqu'à obtenir la contenance d'un verre. ❷ Ajoutez ensuite le tiers de jaune d'œuf, le miel et le lait. Faites mousser le tout en mélangeant lentement. ❸ Servez dans un grand verre que vous pouvez avoir refroidi au préalable.

Purée de fraises citronnée

1 | 10 min | 20 min

100 g de fraises • 100 ml de lait 2e âge • 1 biscuit bébé • 1 cuil. à café de jus de citron

❶ Lavez et équeutez les fraises. Mixez-les avec le lait. Ajoutez le jus de citron. Versez dans un ramequin ou un petit bol et saupoudrez de biscuit émietté. ❷ Placez au réfrigérateur 20 minutes environ avant de servir.

Alphabet, jambon et parfum d'estragon

1 · 10 min · 10 min

3 cuil. à soupe de pâtes alphabet • 20 g de jambon maigre • 2 feuilles d'estragon • 1 cuil. à café d'huile d'olive

❶ Faites bouillir une petite casserole d'eau avec les feuilles d'estragon frais. Plongez-y les pâtes alphabet et laissez cuire jusqu'à ce qu'elles soient tendres. Égouttez, retirez les feuilles d'estragon. ❷ Mixez finement 20 g de jambon maigre, mélangez-le avec les pâtes et l'huile d'olive.

Potage de poulet au riz

1 · 10 min · 25 min

20 g de blanc de poulet • 2 cuil. à soupe de riz rond • 100 ml de lait 2e âge

❶ Rincez le riz rond. ❷ Dans une casserole, portez le lait à ébullition. Faites cuire le poulet avec le riz rond pendant 25 minutes minimum, à feu très doux. ❸ Mixez le tout et servez.

Potage à l'oseille

1 | 10 min | 35 min

50 g de jeunes feuilles d'oseille • 150 g de pommes de terre • 1 cuil. à soupe de crème fraîche

❶ Lavez les légumes. Ciselez les feuilles d'oseille. Pelez et coupez les pommes de terre en rondelles. ❷ Mettez le tout dans une casserole avec 30 ml d'eau. Couvrez et faites cuire à feu doux 35 minutes. ❸ Passez au moulin à légumes. ❹ Remettez dans la casserole, ajoutez la crème et réchauffez avant de servir.

Crème de tapioca salée

1 | 10 min | 10 min

250 ml de lait 2e âge • 4 ou 5 cuil. à soupe de semoule de tapioca (type Floraline®) • 1 pincée de fromage râpé • 1 noisette de beurre • ⅓ de jaune d'œuf

❶ Dans une casserole, portez le lait à ébullition. Versez la semoule en pluie tout en fouettant énergiquement (sinon elle colle et fait des grumeaux). Laissez cuire à feu doux pendant 4 ou 5 minutes sans cesser de fouetter.

❷ Retirez du feu pour ajouter le beurre et le fromage. ❸ Laissez refroidir 2 minutes, incorporez le tiers de jaune d'œuf et servez.

Purée de fenouil au blanc de poulet

1 10 min 15 min

200 ml de lait 2e âge • 1 pomme de terre • 100 g de fenouil • 1 tronçon de carotte de 5 centimètres • 20 g de blanc de volaille • 5 g de beurre • 1 pincée de cumin en poudre

❶ Lavez et épluchez la pomme de terre, la carotte et le fenouil. Coupez-les en petits morceaux, mettez-les dans une casserole. Versez un peu d'eau, ajoutez le cumin. Faites cuire à feu doux 15 minutes environ. ❷ Coupez le blanc de volaille en petits morceaux. Faites-les revenir dans une poêle légèrement graissée sur toute sa surface avec un papier huilé. Passez-les au mixeur. ❸ Égouttez les légumes. Écrasez-les avec une fourchette. ❹ Incorporez le blanc de volaille, le beurre, le lait tiède. Mélangez bien et servez.

Notre conseil : vous pouvez remplacer le blanc de volaille par du bœuf, du poisson à chair blanche ou un jaune d'œuf.

Purée de betterave, mâche et carotte

1 | 15 min | 15 min

30 g de betterave rouge cuite • 1 carotte moyenne • 15 g de mâche • 2 brins de ciboulette • 1 cuil. à café de yaourt • 1 noisette de beurre

❶ Épluchez la carotte. Lavez-la ainsi que la mâche et la ciboulette. Faites cuire 12 minutes à la vapeur la carotte coupée en rondelles. Ébouillantez 1 minute la mâche. Épluchez la betterave. Passez le tout au mixeur. ❷ Faites réchauffer 2 minutes sur feu doux. Incorporez la noisette de beurre, le yaourt et la ciboulette finement hachée. Servez.

Purée de carottes au fromage

1 | 10 min | 15 min

4 petites carottes • 1 carré de crème de gruyère • 1 cuil. à café d'huile d'olive

❶ Épluchez et lavez les carottes. Coupez-les en morceaux. Faites-les cuire dans de l'eau bouillante pendant 15 minutes environ. Égouttez et mixez-les. ❷ Incorporez le fromage. Mélangez. Ajoutez l'huile d'olive. C'est prêt !

Purée de carottes au miel

1 · 15 min · 20 min

2 carottes • ½ cuil. à café de jus de citron • ½ cuil. à café de miel

❶ Épluchez les carottes et coupez-les en petits tronçons. ❷ Dans une casserole d'eau, portez les carottes et le miel à ébullition. Réduisez alors le feu, couvrez et laissez cuire à feu doux pendant 20 minutes. ❸ Passez le tout au mixeur avec le citron.

Purée de carottes à la pomme

1 15 min 20 min

2-3 carottes nouvelles • 1 pomme • huile de colza

❶ Grattez les carottes nouvelles, coupez les extrémités. Émincez finement les carottes, mettez-les dans une casserole et couvrez-les d'eau à hauteur. Faites-les cuire à feu moyen jusqu'à ce qu'elles soient bien tendres. Égouttez-les et écrasez-les à la fourchette ou passez-les au moulin à légumes. ❷ Simultanément, épluchez la pomme, coupez-la en dés et faites-la cuire à feu doux avec quelques gouttes de citron. Lorsque la pulpe est tendre, mélangez-la aux carottes. ❸ Ajoutez quelques gouttes d'huile de colza et servez.

Une variante : vous pouvez également servir cette purée en potage en la rallongeant avec l'eau de cuisson ou un peu de lait.

Purée de légumes au tapioca

1 | 10 min | 5 min

150 ml de lait 2e âge • 100 g de purée ou de jus de légumes • 4 ou 5 cuil. à soupe de semoule de tapioca (type Floraline®) • 1 pincée de fromage râpé • 1 noisette de beurre

❶ Mélangez le lait et la purée de légumes. Portez le tout à ébullition. Incorporez la semoule en pluie tout en fouettant énergiquement (sinon elle colle et fait des grumeaux). Laissez cuire à feu doux pendant 4 ou 5 minutes sans cesser de fouetter. ❷ Retirez du feu, ajoutez le beurre et le fromage. Laissez refroidir 2 minutes dans une assiette avant de servir.

Purée de lentilles

1 | 15 min | 1 h

30 g de lentilles • 1 petite carotte • ½ oignon • 1 bouquet garni (1 petite branche de thym et ½ feuille de laurier) • 1 branche de persil • 100 ml de lait 2e âge • 1 noisette de beurre

❶ Faites cuire les lentilles pendant 1 heure environ à l'eau bouillante (ou dans un autocuiseur, avec de l'eau froide non salée pendant environ 20 minutes), avec la carotte, l'oignon émincé, le bouquet garni. ❷ Réduisez-les en purée après avoir retiré le bouquet garni, puis ajoutez le lait, le beurre et le persil haché.

Notre conseil : accompagnez cette purée de jambon braisé. Un délice !

Purée de tapioca

1 | 10 min | 5 min

250 ml de lait 2e âge • 4 ou 5 cuil. à soupe de semoule de tapioca (type Floraline®) • 1 pincée de fromage râpé • 1 noisette de beurre

❶ Portez le lait à ébullition. Incorporez la semoule en pluie tout en fouettant énergiquement (sinon elle colle et fait des grumeaux). Laissez cuire à feu doux pendant 4 ou 5 minutes sans cesser de fouetter. Arrêtez le feu puis ajoutez le beurre et le fromage. ❷ Laissez refroidir 2 minutes dans une assiette avant de servir.

Notre conseil : pour rendre la purée plus souple, ajoutez 2 cuillères à soupe de lait froid.

Cottage cheese sucré-salé

1 · 10 min

100 g de fromage cottage cheese • ¼ de poire • 1 cuil. à café d'eau ou de jus de poire • 3 cuil. à soupe de cheddar râpé

❶ Pelez le quart de poire, coupez-le en morceaux. Mettez le cottage cheese, les morceaux de poires, l'eau ou le jus dans un mixeur et réduisez le tout en purée pendant 20 à 30 secondes. ❷ Garnissez avec le cheddar.

Petit plat fraîcheur

1 · 15 min

½ tranche de jambon blanc • 5 cuil. à soupe de fromage blanc à 40 % • 1 dizaine de petits radis roses doux • 4 feuilles de salade verte • 1 branche de persil plat • 1 cuil. à café de jus de citron

❶ Épluchez et lavez soigneusement les radis, les feuilles de salade et le persil. ❷ Passez-les, ainsi que le jambon, le jus de citron et le fromage blanc, au mixeur afin d'obtenir une crème bien onctueuse. Servez

Une variante : à partir de 1 an, vous pouvez remplacer le jambon par 1 œuf dur.

Gratin de fenouil

1 | 30 min | 25 min

150 g de fenouil • 100 ml de lait 2e âge • 1 cuil. à café de Maïzena • 10 g de gruyère râpé

❶ Épluchez soigneusement le bulbe de fenouil. Lavez-le, coupez-le et placez-le dans un autocuiseur. Faites cuire en comptant 7 minutes à partir de la mise en pression. ❷ Pendant ce temps, préparez une sauce blanche : délayez à froid dans une casserole la Maïzena avec le lait. Faites épaissir à feu doux tout en remuant et ajoutez le gruyère râpé. ❸ Préchauffez le four à 210 °C (th. 7). Coupez le fenouil cuit en petits morceaux. ❹ Disposez les morceaux de fenouil et la sauce dans un plat allant au four et faites gratiner 15 minutes.

Courgettes façon Parmentier

1 | 15 min | 20 min

1 pomme de terre • 1 petite courgette • huile d'olive

❶ Épluchez la pomme de terre, lavez-la et coupez-la en morceaux. Mettez-la à cuire dans de l'eau ou à la vapeur une dizaine de minutes environ. Égouttez et écrasez-la en purée avec quelques gouttes d'huile d'olive. ❷ Frottez sous l'eau la peau d'une mini courgette, ou d'un tronçon (d'environ 6 cm), avant de la couper en petits dés. Faites-les cuire doucement dans une poêle antiadhésive couverte jusqu'à ce qu'ils soient tendres. Au besoin, ajoutez un peu d'eau pour que la courgette ne colore pas trop. Écrasez-la avec quelques gouttes d'huile d'olive. ❸ Disposez dans un ramequin, couvrez de purée, passez sous le gril quelques minutes pour dorer.

Petite ratatouille et sa polenta

1 — 20 min — 40 min

Pour la ratatouille : • 1 tomate • ¼ de poivron vert • ½ courgette • 40 g d'aubergine • ½ oignon • 1 cuil. à café d'huile d'olive • 3 ou 4 olives noires dénoyautées • 1 petite feuille de laurier • 1 branche de thym • Pour la polenta : • 200 ml de lait demi-écrémé • 40 g de polenta • 1 noisette de beurre • 1 petite pincée de noix muscade

❶ Lavez et épluchez tous les légumes (sauf la courgette). Faites cuire l'aubergine, l'oignon et le poivron à la vapeur avec les herbes pendant 20 minutes. Ajoutez la tomate, la courgette et les olives, et prolongez la cuisson 15 minutes. ❷ Pendant ce temps, portez le lait à ébullition dans une petite casserole, avec la noix muscade. Baissez le feu et jetez alors la polenta en pluie. Mélangez et laissez cuire pendant 5 minutes, sans cesser de remuer à l'aide d'une cuillère en bois. Lorsque la polenta se détache des parois de la casserole, arrêtez le feu, incorporez le beurre, versez le tout dans un petit moule de forme rigolote et laissez refroidir. ❸ Une fois la ratatouille cuite, enlevez la peau de la tomate, la feuille de laurier et la branche de thym. Écrasez le tout avec une fourchette et placez dans l'assiette de Bébé. Démoulez la polenta à côté et servez.

Pommes de terre à l'anglaise

1 · 10 min · 20 min

200 g de pommes de terre • 10 g de beurre

❶ Lavez, pelez et découpez les pommes de terre en forme de petites boules. Faites-les cuire dans de l'eau bouillante pendant 20 minutes. Lorsqu'elles sont bien tendres, égouttez-les. ❷ Faites fondre le beurre sur les pommes de terre encore chaudes et écrasez-les finement.

Papillote de lapin à la sauge

1 · 5 min · 10 min

30 g de lapin • 1 filet de jus de citron • 2 feuilles de sauge

❶ Préchauffez le four à 240 °C (th. 8). Coupez le lapin en tout petits cubes. Disposez-le dans une papillote d'aluminium. ❷ Ajoutez le jus de citron et les feuilles de sauge hachées finement. Fermez soigneusement. ❸ Faites cuire à four chaud pendant 10 minutes. ❹ Ouvrez la papillote et hachez la viande. Servez dans la papillote.

Escalope de poulet et purée de haricots verts

1 | 15 min | 30 min

30 g d'escalope de poulet • 100 g de haricots verts • 1 pomme de terre • 1 branche de persil • 1 noisette de beurre

❶ Coupez l'escalope de poulet en petits dés. Lavez et effilez les haricots verts, coupez-les en 2. ❷ Faites-les cuire dans un grand volume d'eau pendant 10 minutes. ❸ Épluchez et lavez la pomme de terre, puis coupez-la en petits dés. Hachez le persil. ❹ Dans une cocotte, faites fondre le beurre et faites-y revenir les dés de poulet et les dés de pomme de terre. Ajoutez ensuite les haricots verts, le persil. Versez 1 verre d'eau. ❺ Couvrez, laissez cuire pendant 15 minutes. Surveillez la cuisson en remuant de temps en temps.

Notre conseil : selon l'âge de l'enfant, vous pouvez mixer la préparation avant de la servir.

Petit couscous à l'agneau

1 15 min 18 min

1 verre de semoule • 1 carotte • 1 petite courgette • 1 peu de blanc de poireau • 15 g d'agneau cuit • persil • 1 filet d'huile

❶ Pelez la carotte, coupez-la en petits morceaux. Lavez la courgette, coupez les extrémités et détaillez-la également en petits morceaux. Faites bouillir de l'eau, mettez-y les légumes coupés finement et le persil haché, faites cuire pendant 10 minutes environ, puis ajoutez la semoule. Laissez cuire encore 8 minutes. ❷ Égouttez et ajoutez un filet d'huile et la viande. Écrasez ou mixez en fonction de l'âge de votre bébé.

Une variante : vous pouvez tout à fait remplacer l'agneau par un petit morceau de blanc de poulet cuit.

Poulet à la provençale

1 · 20 min · 20 min

30 g de blanc de poulet • 1 belle tomate • 1 petit oignon • thym, persil et basilic séchés • 3 cuil. à soupe rases de semoule

❶ Pelez l'oignon et la tomate. Épépinez la tomate. Dans une petite cocotte, mettez la pulpe de tomate, le petit oignon râpé, le blanc de poulet, un peu de persil, de thym et de basilic séchés. Couvrez le tout avec de l'eau. Fermez et faites cuire pendant 15 minutes. ❷ Retirez le poulet ainsi qu'un peu de jus, mixez-les ensemble puis reversez-les dans la cocotte. Portez à ébullition puis ajoutez la semoule en mélangeant. Laissez cuire pendant 3 minutes encore sans cesser de remuer. Veillez à ce que le mélange ne soit pas trop épais. Servez tiède.

Filet de merlan à la béchamel verte

1 | 15 min | 25 min

1 petit filet de merlan (40 ou 50 g) • 1 cuil. à soupe rase de farine • 100 ml de lait 2e âge • 1 poignée de feuilles d'épinard (ou de cresson) • 1 noisette de beurre • 1 petite pincée de noix de muscade en poudre

❶ Lavez soigneusement les feuilles d'épinard, placez-les dans une petite casserole, sans eau ni beurre, couvrez et laissez cuire pendant 5 minutes sur feu doux. Ce temps écoulé, égouttez-les et passez-les au mixeur. ❷ Portez le lait à ébullition et réservez-le. ❸ Dans une autre petite casserole, laissez fondre le beurre sur feu doux jusqu'à ce qu'il mousse légèrement. Ajoutez alors la farine et mélangez bien afin d'éviter les grumeaux. Versez alors le lait chaud et la muscade en mélangeant bien à nouveau. Puis laissez cuire sur feu très doux pendant 5 minutes, sans cesser de mélanger, jusqu'à ce que la béchamel épaississe. Retirez du feu. ❹ Incorporez alors les feuilles mixées à cette sauce. ❺ Faites cuire le poisson à la vapeur (ou au court-bouillon) pendant 5 minutes. Une fois cuit, ôtez-en les arêtes et émiettez-le. ❻ Versez la béchamel dessus et servez.

Notre conseil : vous pouvez servir ce plat avec un peu de riz ou de carottes cuites à la vapeur.

Dinde et riz aux petits légumes

1 · 15 min · 25 min

1 petite escalope de dinde • 1 poignée de petits pois • 1 carotte coupée en petits dés • ½ oignon haché finement • 1 tomate pelée • ½ branche de céleri coupée finement 1 poignée de riz rond • 1 feuille de laurier • 2 brins de persil • 1 noix de beurre ou 1 cuil. à café d'huile

❶ Faites revenir l'escalope de dinde coupée en petits dés et l'oignon haché dans un peu d'huile ou de beurre. ❷ Mouillez avec un verre d'eau et ajoutez tous les légumes, le laurier et le persil. ❸ Quand la viande et les légumes sont cuits, incorporez le riz et laissez cuire jusqu'à ce qu'il ait absorbé le liquide.

Pomme-banane au four

2 · 15 min · 15 min

1 pomme • 1 banane • ½ citron • 2 feuilles de menthe (facultatif)

❶ Fabriquez 2 petites barquettes avec 2 feuilles de papier d'aluminium. ❷ Préchauffez le four à 220 °C (th. 7-8). Épluchez les fruits, coupez-les en cubes. ❸ Arrosez-les avec le jus du citron. ❹ Saupoudrez avec des morceaux de menthe. ❺ Enfermez le tout dans les barquettes et mettez au four pendant environ 15 minutes. Laissez tiédir avant de servir.

Crème de banane

1 · 5 min

1 banane • 1 petit-suisse • 1 cuil. à café de jus de citron

❶ Après avoir pelé la banane, écrasez-la à l'aide d'une fourchette. ❷ Mélangez au petit-suisse et au citron.

Compote de pommes biscuitée

1 | 5 min | 10 min

1 pomme • 1 petit-beurre

❶ Épluchez la pomme et coupez-la en morceaux. ❷ Faites-la cuire dans une casserole d'eau 10 minutes, mixez-la avec le petit-beurre. ❸ Versez la compote dans un bol, faites refroidir avant de donner à Bébé.

Coulis de fraise sur purée de banane

1 | 15 min

6 fraises • 1 banane • jus de citron

❶ Lavez et équeutez 6 fraises bien sucrées. Passez-les au mixeur puis mettez la purée obtenue dans un petit tamis pour filtrer les grains. ❷ Écrasez à la fourchette une petite banane bien mûre (à la peau tigrée), mélangez avec quelques gouttes de jus de citron pour qu'elle ne noircisse pas. ❸ Servez aussitôt avec le coulis de fraises.

Notre conseil : servez immédiatement, car ce dessert ne se conserve pas, le coulis risquerait de tourner et les bananes de s'oxyder.

Crèmes à la vanille

4 15 min 15 min

500 ml de lait 2e âge • 100 g de fécule de maïs • 1 sachet de sucre vanillé • 50 g de sucre

❶ Mettez 1 tasse de lait de côté et faites chauffer le reste. Pendant ce temps, mélangez la fécule de maïs, le sucre et le sucre vanillé. Ajoutez la tasse de lait froid et battez avec un fouet. Incorporez le lait chaud tout en fouettant. Mettez le mélange sur feu doux sans cesser de fouetter. ❷ Dès que la préparation commence à épaissir, retirez du feu et continuez de fouetter jusqu'à l'obtention d'une crème. Versez alors dans des petits pots et laissez refroidir.

Crémette aux céréales et à la banane

1 | 10 min | 10 min

1 yaourt • 100 ml de lait 2e âge • ⅓ de jaune d'œuf • 10 g de céréales infantiles • 1 rondelle de banane

❶ Videz le yaourt dans une casserole. Ajoutez le lait, le tiers de jaune d'œuf, les céréales infantiles. Mélangez bien. Faites tiédir sur feu doux, sans cesser de remuer. ❷ Reversez dans le pot de yaourt vide et décorez avec la banane. Vérifiez la température. Servez à la petite cuillère.

Milk-shake aux fruits

1 | 10 minutes

120 ml de lait 2e âge • ½ banane, 1 pêche ou tout autre fruit mûr • ½ citron • 2 cuil. à soupe de jus d'orange

❶ Après avoir épluché et coupé le fruit en petits morceaux, arrosez-le légèrement du jus du citron, puis placez-le dans le mixeur. ❷ Ajoutez le lait, le jus d'orange et mixez pour obtenir une crème bien onctueuse. ❸ Servez dans une coupelle.

Fouetté de fraises et fromage blanc à la madeleine

1 · 15 min

6 belles fraises • 1 madeleine • 2 cuil. à soupe de fromage blanc à 40 %

❶ Réduisez en purée 6 belles fraises bien mûres, préalablement lavées puis équeutées. Mixez 1 madeleine de bonne qualité jusqu'à obtenir une sorte de chapelure grossière. ❷ Battez au fouet électrique le fromage blanc avec la purée de fraises, jusqu'à obtenir une préparation légère et bien émulsionnée. ❸ Saupoudrez de madeleine. Ne servez pas trop froid.

Bouillie de céréales aux abricots

1 5 min 1 à 2 min

180 ml de lait 2ᵉ âge • 20 g de flocons de céréales • 4 cuil. à soupe d'abricots en petit pot • 3 rondelles de banane • 1 pincée de poudre d'amandes

❶ Dans une casserole, faites chauffer doucement le lait. Puis ajoutez en pluie les flocons de céréales. ❷ Laissez gonfler 1 à 2 minutes. ❸ Ajoutez la purée d'abricots, les rondelles de banane écrasées et la poudre d'amandes. ❹ Mélangez bien.

Notre conseil : pour éviter que les rondelles de banane s'oxydent à l'air, arrosez-les avec quelques gouttes de jus de citron.

Boudoirs de semoule au coulis de poire

1 20 min 20 min

½ poire • 200 ml de lait 2e âge • 20 g de semoule • 5 g de beurre

❶ Portez à ébullition 125 ml de lait. Versez la semoule en pluie. Laissez cuire à feu doux sans cesser de remuer, jusqu'à ce que la semoule devienne compacte. ❷ Incorporez le beurre. Mélangez bien. ❸ Préchauffez le four à 180 °C (th. 6). Étalez la semoule dans un plat avec le dos d'une cuillère, sur une épaisseur de 5 mm environ. Faites cuire au four 15 minutes. ❹ Démoulez la semoule. Coupez-la en tranches. ❺ Épluchez la poire. Mixez-la avec le restant de lait. ❻ Servez les boudoirs accompagnés du coulis de poire.

Purée de pêches au pain d'épices

1 | 15 min | 1 min

30 g de pêches bien mûres • 1 tranche de pain d'épices • 1 petit-suisse

❶ Lavez et inondez les pêches 1 minute dans l'eau bouillante. Coupez-les en morceaux. Écrasez-les à l'aide d'une fourchette pour obtenir une purée. ❷ Mixez la tranche de pain d'épices. Réservez. ❸ Mélangez le petit-suisse battu et la purée de pêches. ❹ Parsemez de pain d'épices mixé. Laissez reposer 10 minutes avant de servir.

Notre conseil : préparez ce goûter un peu à l'avance afin que le pain d'épices s'imprègne bien du mélange fruit-petit-suisse.

Mousse d'abricots

1 10 min 2 h

2 abricots • 1 cuil. à soupe de fromage blanc à 20 % • 20 cl de crème fleurette

❶ Lavez, essuyez les abricots. Coupez-les en 2, retirez le noyau. Détaillez-les en morceaux. Mixez-les 1 minute pour obtenir une purée. ❷ Ajoutez le fromage blanc. Mixez à nouveau. ❸ Dans un bol très froid, mettez la crème fleurette et 1 cuillerée à soupe d'eau glacée. Battez au fouet électrique, vitesse moyenne, puis à grande vitesse quand elle a doublé de volume. ❹ Incorporez délicatement la crème à la préparation aux abricots. ❺ Versez dans une coupe. Mettez au réfrigérateur 2 heures avant de servir.

Notre conseil : vous pouvez utiliser des fruits en conserve, dans ce cas, égouttez-les bien avant de les mixer. Suivez la même recette pour des mousses de pêche jaune, blanche, ou de nectarine…

Potage de tapioca à la tomate

1 · 20 min · 30 min

100 g de tomates • 180 ml de lait 2e âge • 3 cuil. à café de tapioca

❶ Préchauffez le four à 210 °C (th. 7). Lavez la tomate puis plongez-la quelques secondes dans de l'eau bouillante afin d'enlever la peau. Coupez-la en deux. Retirez les pépins. ❷ Disposez la tomate au milieu d'une feuille de papier d'aluminium. Formez une papillote et faites cuire 20 minutes au four. ❸ Mixez la tomate avec le lait jusqu'à obtenir un liquide homogène. ❹ Transvasez dans une casserole et versez en pluie le tapioca. Laissez cuire 10 minutes à feu doux sans cesser de remuer avec une spatule en bois.

Notre conseil : remplacez de temps en temps la tomate par d'autres légumes afin de varier les goûts : épinards, courgettes, haricots verts, poivrons, etc.

Potage à la chinoise

1 15 min 15 min

30 g de nouilles fines chinoises (rayon produits exotiques des grandes surfaces) ou de vermicelles • 50 g de steak haché • quelques gouttes de citron (facultatif)

❶ Versez les pâtes dans une casserole d'eau bouillante et laissez cuire à ébullition pendant 12 minutes. ❷ Faites cuire la viande hachée dans 200 ml d'eau puis émiettez-la. ❸ Lorsque les nouilles sont cuites, versez-les dans une assiette creuse, avec la viande et le bouillon de cuisson. ❹ Ajoutez quelques gouttes de jus de citron et servez.

Potage alphabet

1 | 15 min | 35 min

1 carotte • 1 pomme de terre • 1 blanc de poireau • 250 ml de lait 2e âge • 20 g de pâtes alphabet • 1 noisette de beurre

❶ Faites cuire à la vapeur pendant 20 minutes tous les légumes préalablement lavés, épluchés et coupés en dés. ❷ Passez tous les légumes au mixeur, mettez-les dans une casserole avec le lait, et laissez mijoter sur feu doux pendant 10 minutes. ❸ Mettez ensuite les pâtes dans la casserole et laissez cuire encore pendant 5 minutes en tournant régulièrement. ❹ Ajoutez le beurre et servez.

Potage aux lentilles

1 — 10 min — 1 h

50 g de lentilles • 1 branche de persil • 20 g de carotte
1 branche de thym • 1 cuil. à soupe de crème fraîche

❶ Triez et lavez les lentilles. Pelez la carotte et coupez-la en petites rondelles. Lavez le persil. ❷ Mettez les légumes et le persil avec le thym dans une casserole. Ajoutez 500 ml d'eau et portez à ébullition sur feu vif. Puis réduisez le feu et faites cuire 1 heure à feu doux. ❸ Retirez la brindille de thym et mixez. ❹ Versez la crème au fond de l'assiette puis délayez-la peu à peu avec le potage.

Potage de semoule aux carottes

1 — 15 min — 40 min

100 g de carottes • 1 gousse d'ail • 20 g de semoule fine

❶ Lavez et épluchez les carottes. Râpez-les finement. Pelez et pilez la gousse d'ail. ❷ Faites suer les carottes et l'ail dans une casserole à feu vif afin d'en retirer l'eau de végétation. ❸ Mouillez avec 25 ml d'eau et portez à ébullition. Faites réduire et versez la semoule en pluie. ❹ Couvrez et laissez mijoter 40 minutes.

Soupe de citrouille et fromage blanc

1 15 min 30 min

100 g de citrouille • ½ pomme (fruit) • lait infantile • 1 cuil. à café d'huile de tournesol • 1 cuil. à soupe de fromage blanc

❶ Épluchez la citrouille et la pomme, coupez-les en dés. Faites-les dorer dans une poêle avec l'huile. Arrosez avec 15 cl d'eau, couvrez, et laissez mijoter environ 20 minutes jusqu'à ce que la citrouille et la pomme soient bien cuites. ❷ Mixez et versez la préparation dans une casserole sur feu doux et ajoutez du lait infantile pour obtenir la consistance désirée (plus ou moins veloutée). ❸ Servez en plaçant la cuillerée de fromage blanc au centre du bol.

Velouté de fenouil au fromage frais

1 · 10 min · 15 min

¼ de bulbe de fenouil • 2 pommes de terre • 25 g de fromage frais type faisselle • 1 cuil. à café d'huile d'olive

➊ Pelez et lavez les pommes de terre. Découpez le fenouil en fines lamelles, les pommes de terre en petits cubes et mettez-les dans une cocotte. Ajoutez de l'eau à hauteur des légumes. Fermez la Cocotte-Minute et faites cuire pendant 15 minutes. ➋ Mixez le tout et passez à la passoire fine. Ajoutez le fromage frais et mélangez.

Crème de riz au bouillon de légumes

1   10 min   20 min

¼ de cube de bouillon de légumes • 2 cuil. à soupe de farine de riz • ½ carré de fromage frais • 1 cuil. à café d'huile d'olive

❶ Faites bouillir 1 verre d'eau avec le bouillon de légumes. Une fois l'eau portée à ébullition, ajoutez la farine de riz. Mélangez à l'aide d'un fouet afin d'éviter la formation de grumeaux. Laissez cuire pendant environ 20 minutes en remuant régulièrement. ❷ Retirez du feu et incorporez le fromage et l'huile d'olive. Mélangez jusqu'à obtenir une préparation onctueuse.

Crème de haddock

1 · 15 min · 23 min

20 g de filet de haddock fumé • 200 ml de lait 2e âge • 1 grosse pomme de terre • ½ oignon • 1 petite feuille de laurier • 2 cuil. à café de crème fraîche

❶ Faites dessaler le haddock dans du lait ou de l'eau pendant 1 heure. Ensuite, pochez-le, également dans du lait, 3 minutes environ. ❷ Coupez la pomme de terre en dés. Hachez l'oignon. ❸ Retirez le poisson du lait et remplacez-le par les légumes ; les morceaux doivent être entièrement recouverts par le lait. Ajoutez le laurier. Laissez cuire sur feu doux 20 minutes environ. ❹ Ôtez la feuille de laurier. Mixez le tout avec la crème fraîche jusqu'à obtenir une crème onctueuse. ❺ Ajoutez le haddock préalablement émietté, mélangez et servez.

Purée de nuages

1 | 10 min | 20 min

30 g de riz blanc • 1 cuil. à soupe de crème fraîche à 30 % • 1 noisette de beurre

❶ Faites cuire le riz dans une casserole d'eau bouillante pendant 20 minutes. Égouttez-le et réduisez-le en purée en y incorporant la crème fraîche. ❷ Ajoutez ensuite la noisette de beurre et mélangez bien le tout. C'est prêt !

Caviar d'aubergine

1 | 15 min | 40 min

1 petite aubergine • 2 feuilles d'estragon • 1 cuil. à café d'huile d'olive • 1 pincée de sucre

❶ Préchauffez le four à 210 °C (th. 7). Faites cuire l'aubergine entière environ 40 minutes. ❷ Coupez-la en 2 et récupérez la pulpe à la cuillère. Mixez avec les feuilles d'estragon et le sucre. Ajoutez l'huile d'olive et servez tiède.

Purée mimosa

1 10 min 20 min

1 pomme de terre • 1 cuil. à café de fromage râpé • 10 g de beurre • 1 cuil. à soupe de lait infantile • ⅓ de jaune d'œuf • 3 brins de persil plat

❶ Lavez, pelez et râpez finement la pomme de terre. Faites cuire 10 minutes dans une casserole d'eau bouillante. ❷ Faites cuire l'œuf 10 minutes dans l'eau bouillante. Plongez-le dans l'eau froide pour pouvoir l'écaler sans difficulté. ❸ Égouttez, écrasez le râpé de pomme de terre en purée. Incorporez le lait, le beurre, le fromage râpé et le persil finement haché. Mélangez bien. ❹ Servez immédiatement saupoudré du tiers de jaune d'œuf écrasé à la fourchette.

Purée de pois cassés

1 | 10 min | 20 min

1 grosse poignée de pois cassés • 1 carotte • 1 noisette de beurre

❶ Mettez les pois cassés et la carotte épluchée et coupée en morceaux dans une Cocotte-Minute et recouvrez-les d'eau froide. Placez la cocotte fermée sur feu vif. Lorsque la soupape chuchote, réduisez un peu le feu et laissez cuire 20 minutes. ❷ Égouttez les pois et la carotte en veillant à conserver l'eau de cuisson. ❸ Passez les légumes au moulin en les arrosant si besoin du jus de cuisson pour détendre la purée (mais pas trop, ce n'est pas une soupe). ❹ Ajoutez enfin le beurre avant de servir.

Notre conseil : cette purée est idéale avec du jambon blanc braisé ou fumé.

Gratin de potiron

1 | 15 min | 25 min

100 g de potiron • ½ oignon doux • 1 pomme de terre • 10 g de parmesan • 1 grosse pincée de gruyère râpé • 1 petite pincée de noix muscade (facultative) • 1 noisette de beurre

❶ Épluchez les légumes (potiron, oignon et pomme de terre), coupez-les en morceaux et mettez-les dans une casserole d'eau. Portez à ébullition puis laissez frémir pendant 20 minutes (vous pouvez aussi les faire cuire à la vapeur pendant 30 minutes environ). ❷ Une fois les légumes cuits, égouttez-les et réduisez-les en purée. Mélangez avec le beurre, la noix muscade et le parmesan. ❸ Placez le tout dans un petit plat à gratin, saupoudrez de gruyère râpé et faites dorer au four. ❹ Servez, mais attention à la température !

Jardinière de légumes au veau

1 · 15 min · 25 min

20 g de veau (escalope ou noix) • 1 carotte • 1 petite pomme de terre • ½ tasse de petits pois • ½ fond d'artichaut • ½ bulbe de fenouil • ¼ d'oignon • 1 noisette de beurre

❶ Préparez les légumes : pelez la carotte, coupez-la en petits morceaux. Pelez le morceau d'oignon, hachez-le. Pelez la pomme de terre, lavez-la et coupez-la en petits dés. Émincez finement le fenouil. ❷ Faites revenir la viande coupée en petits morceaux avec l'oignon et le beurre. ❸ Mouillez avec un peu d'eau et ajoutez tous les légumes. Laissez cuire 20 minutes. ❹ Mixez le tout avant de servir.

Légumes verts au romarin et polenta au parmesan

2 | 15 min | 15 min

½ courgette • 50 g de brocoli fleurette surgelé • 50 g de haricots verts • 1 morceau de fenouil • 1 brin de romarin frais • 1 dl de polenta (semoule de maïs) • 10 g de parmesan • 100 ml de lait 2e âge

❶ Lavez et essuyez les légumes. Coupez-les en petits dés. Plongez le brocoli, les haricots verts et le romarin dans une casserole d'eau bouillante. Mettez à cuire 5 minutes. Ajoutez la courgette coupée en rondelles et le fenouil émincé. Laissez cuire 7 minutes. Une fois les légumes cuits, retirez le brin de romarin. ❷ Mixez les légumes jusqu'à obtenir la consistance souhaitée. ❸ Faites chauffer le lait avec le parmesan. Dès que la préparation bout, ajoutez la polenta hors du feu. Mélangez jusqu'à obtention d'une texture lisse et consistante. ❹ Servez les légumes mixés avec la polenta.

Pâtes au jambon

1 – 10 min – 10 à 12 min

40 g de pâtes alphabet (ou autres) • ½ tranche de jambon • 1 noisette de beurre

❶ Faites cuire les pâtes dans une casserole d'eau bouillante pendant 10 bonnes minutes. ❷ Pendant ce temps, hachez le jambon finement (sans le gras) dans une assiette. ❸ Lorsque les pâtes sont cuites, égouttez-les, mélangez avec le beurre à côté du jambon et servez.

Truite à l'estragon

1 – 5 min – 8 min

1 filet de truite de 35 g • 3 ou 4 feuilles d'estragon • 1 cuil. à café de jus de citron • 1 noisette de beurre

❶ Préchauffez le four à 240 °C (th. 8). Lavez les feuilles d'estragon puis ciselez-les. ❷ Dans une papillote, mettez le filet de truite et l'estragon. Fermez bien la papillote et faites cuire 10 minutes à four chaud. ❸ Au moment de servir, ajoutez une noisette de beurre et le jus de citron.

Filet de colin à la tomate et aux champignons

1 · 15 min · 15 min

20 g de colin • 60 g de champignons de Paris • 60 de pulpe de tomates • 1 pomme de terre (60 g) • 1 cuil. à café d'huile d'olive

❶ Épluchez et lavez la pomme de terre. Coupez-la en petits dés. Lavez et égouttez les champignons, coupez-les en morceaux. Déposez les légumes dans le panier du cuit-vapeur. ❷ Ajoutez le colin et laissez cuire 15 minutes environ. ❸ Passez les légumes et le poisson au mixeur (ou écrasez-les simplement selon l'âge de Bébé). Avant de servir, ajoutez l'huile d'olive.

Dinde aux marrons

1 | 10 min | 20 min

20 g d'escalope de dinde • 80 g de marrons au naturel • 80 g de fromage blanc à 40 % • 1 noisette de beurre

❶ Faites cuire l'escalope de dinde (de préférence à la vapeur) pendant 15 minutes. ❷ Lavez les marrons. Coupez la viande en petits morceaux et passez le tout au mixeur avec les marrons et le fromage blanc, jusqu'à obtention d'une crème bien onctueuse. ❸ Faites réchauffer à feu doux avec le beurre et servez.

Fondue de courgettes et de veau

1 | 15 min | 10 min

1 petite pomme de terre (50 g) • 1 courgette (150 g) • 20 g d'escalope de veau • 50 ml de lait 2e âge • 1 noisette de beurre

❶ Épluchez et lavez la pomme de terre, coupez-la en dés, lavez et essuyez la courgette, coupez les extrémités tout en conservant la peau. ❷ Placez la pomme de terre coupée en dés et la courgette entière dans le panier de l'autocuiseur. Faites cuire 6 minutes dès la mise sous pression. ❸ Faites cuire l'escalope de veau dans une poêle sans matière grasse. ❹ Mixez les légumes cuits ainsi que la viande jusqu'à obtenir une purée homogène. Ajoutez 1 noisette de beurre au moment de servir.

Galettes de dinde à la purée de potimarron

1 | 15 min | 25 min

20 g de filet de dinde • 2 brins de persil plat • 1 pomme de terre • 100 g de potimarron • 50 ml de lait 2e âge • 1 cuil. à café de farine • 1 cuil. à café d'huile d'olive

❶ Lavez, épluchez la pomme de terre et le potimarron. Coupez-les en petits cubes. Faites cuire 15 minutes dans 1 litre d'eau. Réduisez en purée. Incorporez le lait. Mélangez bien. ❷ Pendant ce temps, mixez le filet de dinde. Incorporez le persil haché finement. Formez 2 boulettes. Aplatissez-les à la fourchette. Couvrez-les de farine. ❸ Dans une poêle antiadhésive, faites chauffer l'huile à feu doux. Laissez cuire les galettes 4 minutes de chaque côté. Servez avec la purée de potimarron.

Lapin verdurette

1 15 min 25 min

20 g de râble de lapin cuit • 1 petite carotte • 30 g d'épinards natures surgelés • 30 g de riz • 1 noisette de beurre

❶ Pelez la carotte, coupez-la en petits morceaux. Faites cuire à la vapeur la carotte pendant environ 20 minutes. ❷ Faites cuire le riz dans une petite casserole d'eau bouillante. ❸ Dans une autre casserole, réchauffez les épinards hachés. ❹ Une fois les légumes cuits, mixez les épinards avec le riz égoutté, et le beurre, afin d'obtenir une petite purée. ❺ Hachez finement le lapin précuit avec la carotte. Servez l'ensemble.

Semoule au bouillon de légumes

1 10 min 10 min

2 cuil. à soupe de semoule • ¼ de cube de bouillon de légumes • ⅓ de jaune d'œuf • ½ carré de fromage frais (type La Vache qui rit®) • 1 cuil. à café de parmesan râpé • 1 cuil. à café d'huile d'olive

❶ Faites bouillir 1 verre d'eau avec le bouillon de légumes. Versez la semoule en pluie. Remuez afin d'éviter la formation de grumeaux et laissez cuire pendant une dizaine de minutes. ❷ Retirez la semoule du feu, laissez refroidir un peu, puis incorporez le tiers de jaune d'œuf à la préparation. Mélangez. ❸ Ajoutez enfin l'huile d'olive et le parmesan râpé.

Banane et petits boudoirs

1 · 5 min

1 petite banane bien mûre • 2-3 boudoirs

❶ Enlevez la peau de la banane. Écrasez la banane dans un bol. ❷ Émiettez les biscuits dans une petite soucoupe et arrosez-les de quelques gouttes d'eau. Écrasez-les avec une fourchette. ❸ Mélangez les biscuits à la banane écrasée. C'est prêt !

Semoule au lait

2 · 10 min · 25 min

6 mesures de lait 2e âge en poudre • 30 g de semoule fine • 2 cuil. à soupe de sucre • ½ sachet de sucre vanillé

❶ Faites bouillir la semoule dans 30 cl d'eau pendant 15 minutes, puis ajouter 20 cl d'eau, le lait en poudre, le sucre, le sucre vanillé en remuant et faites cuire 10 minutes. ❷ Versez dans 2 coupelles. Servez à la bonne température.

Crème à l'orange

2 | 10 min | 10 min | 1 h

1 orange non traitée • 7,5 cl de crème fraîche • 10 g de fécule de maïs

❶ Coupez l'orange en 2. Pressez-la. Raclez l'intérieur des écorces avec une petite cuillère pour récupérer environ 10 cl de jus. Gardez les écorces. ❷ Dans un bol, versez la moitié du jus d'orange. Ajoutez la fécule. Mélangez bien. ❸ Versez le reste de jus dans une casserole. Portez doucement à ébullition. Incorporez la fécule délayée sans cesser de remuer. Faites cuire 1 minute sur feu doux. ❹ Hors du feu, incorporez la crème fraîche. Mélangez. Répartissez la préparation dans les moitiés d'orange évidées. ❺ Réservez 1 heure au réfrigérateur.

Mousse de quetsches aux biscuits roses

2 15 min 10 min 2 h

250 g de quetsches • le jus d'½ citron • 30 g de sucre roux • 1 gousse de vanille • 1 œuf • 2 biscuits roses à la cuillère

❶ Lavez les quetsches, coupez-les en 2 et ôtez les noyaux. ❷ Dans une casserole, portez à ébullition le jus de citron, le sucre, la gousse de vanille fendue en 2 et 1 verre d'eau. Ajoutez les quetsches, laissez cuire 10 minutes. Laissez tiédir. ❸ Avec un couteau, grattez les graines de la gousse de vanille, puis ôtez-la. Séparez le blanc du jaune d'œuf. Mixez ensemble le jaune et la compote de quetsches. Montez le blanc en neige très ferme. Incorporez-le à la compote. ❹ Répartissez la mousse ainsi obtenue dans 2 coupes. Placez au frais 2 heures. ❺ Au moment de servir, répartissez sur les mousses les biscuits écrasés finement.

Potage parisien

1 · 15 min · 50 min

80 g de poireau • 150 g de pommes de terre • 2 cuil. à soupe de lait concentré non sucré

❶ Épluchez, lavez et coupez les pommes de terre en dés. Nettoyez le poireau à l'eau courante en éliminant les parties très vertes. Coupez-le en julienne. ❷ Mettez les légumes dans 25 ml d'eau froide. ❸ Portez à ébullition et couvrez. Faites cuire à feu doux 50 minutes. ❹ Ajoutez le lait concentré au moment de servir.

Potage de maïs au fromage fondu

1 | 10 min | 10 min

2 cuil. à soupe bombées de semoule de maïs • 1 cuil. à café d'huile d'olive • ½ verre de lait • 1 portion de fromage fondu (type Kiri® ou La Vache qui rit®)

❶ Dans une casserole, faites bouillir l'équivalent d'un grand verre d'eau et l'huile d'olive, puis versez la semoule de maïs sans cesser de remuer. ❷ Quand le mélange commence à s'épaissir, versez progressivement le lait en tournant et incorporez le fromage fondu. Mélangez jusqu'à ce que le fromage soit dissous dans la semoule. La préparation doit avoir une consistance de crème fraîche épaisse. ❸ Versez immédiatement dans le bol de Bébé et laissez tiédir.

Notre conseil : retirez la pellicule qui se forme sur le bol avant de donner à Bébé.

Potage de pâtes aux légumes

1 | 10 min | 20 à 25 min

1 petite pomme de terre • 1 petite carotte • 1 petite poignée de haricots verts • 300 ml de lait 2e âge • 1 poignée de pâtes à potage (type étoiles ou lettres de l'alphabet) • 1 noisette de beurre

❶ Épluchez les légumes, lavez-les puis coupez-les en morceaux. Faites-les cuire dans un grand volume d'eau pendant 15 à 20 minutes. ❷ Passez les légumes au mixeur. Versez la préparation obtenue dans une casserole. Ajoutez le lait, mélangez et laissez cuire à feu doux pendant quelques minutes. Ajoutez ensuite la poignée de pâtes dans le potage, mélangez et laissez cuire en surveillant selon le temps de cuisson des pâtes. ❸ Laissez tiédir et ajoutez 1 noisette de beurre avant de servir.

Soupe de légumes au pistou

1 30 min 1 h

30 g de haricots verts • 30 g de petits pois frais • 50 g de courgette • 60 g de pomme de terre • 1 tomate • ½ gousse d'ail • 3 feuilles de basilic

❶ Nettoyez les légumes. Effilez les haricots verts et coupez-les en petits morceaux. Coupez la queue et le bout arrondi de la courgette puis émincez-la. Pelez et coupez la pomme de terre en dés. ❷ Mettez tous les légumes, excepté la tomate, dans une casserole avec 50 ml d'eau. Faites bouillir et laissez cuire pendant 1 heure. ❸ Pendant ce temps, émondez la tomate puis écrasez-la à la fourchette. Mélangez avec l'ail pilé et le basilic haché. ❹ Ajoutez au potage 15 minutes avant la fin. ❺ Mixez rapidement et servez aussitôt.

Soupe au lait

1 | 10 min | 10 min

1 cuil. à soupe de farine • 200 ml de lait infantile • 1 pincée de muscade en poudre • 10 g de gruyère râpé • ⅛ d'oignon • 1 noisette de beurre

❶ Dans une casserole, faites revenir l'oignon finement haché avec la noisette de beurre. Ajoutez ensuite la farine en remuant régulièrement à l'aide d'une cuillère en bois. Faites cuire quelques instants puis ajoutez le lait infantile et le gruyère. ❷ Mélangez avec un fouet pour que la préparation épaississe. Faites cuire 1 minute après l'ébullition. Versez la soupe dans un bol et servez tiède à Bébé.

Crème d'agneau et asperges

1 · 10 min · 30 min

20 g d'agneau cuit (gigot ou côte) • 100 g d'asperges (fraîches ou surgelées) • 1 grosse pomme de terre • 50 g de fromage blanc à 40 % • 1 branche de cerfeuil

❶ Faites cuire les asperges et la pomme de terre à la vapeur ou dans de l'eau bouillante non salée pendant 20 à 30 minutes. ❷ Lorsqu'elles sont bien cuites, passez-les avec la viande, le cerfeuil et le fromage blanc au mixeur jusqu'à obtenir une crème onctueuse. Servez en vérifiant bien la température.

Mousse aux champignons

1 10 min 20 min

2 pommes de terre (150 g) • 50 g de champignons de Paris • ½ échalote • quelques gouttes de jus de citron • 4 cl de crème fraîche

❶ Pelez et lavez les légumes. Faites cuire à la vapeur les pommes de terre et les champignons de Paris avec la demi-échalote et le jus de citron. ❷ Mixez le tout avec la crème fraîche. Servez tiède à Bébé.

Flan à la courgette

1 | 10 min | 30 min

150 g de courgette • 1 noisette de beurre • persil haché • 1 œuf • 2 cuil. à soupe de fromage blanc

❶ Nettoyez la courgette et éliminez les bouts arrondis. Pelez-la puis coupez-la en rondelles. ❷ Faites cuire 10 minutes à la vapeur. Laissez tiédir et mixez. ❸ Préchauffez le four à 210 °C (th. 7). Battez l'œuf en omelette, incorporez le fromage blanc, le persil et la purée de courgette. ❹ Versez dans un ramequin beurré. Faites cuire au bain-marie 20 minutes au four.

Croquettes de poisson au chou-fleur

2 | 15 min | 10 min

2 petits pots de mousseline au chou-fleur • 50 g de cabillaud • 1 tranche de pain de mie • 1 cuil. à café d'huile • 2 feuilles d'estragon • ½ jus de citron • 40 ml de lait 2e âge

❶ Lavez puis mixez le poisson. Mettez le poisson mixé dans un bol et ajoutez le pain de mie préalablement trempé dans du lait et pressé, l'estragon ciselé et le jus de citron. Mélangez l'ensemble de façon à obtenir une préparation homogène. ❷ Formez des croquettes. Dans une poêle, faites dorer les croquettes pendant 10 minutes. ❸ Servez ensuite avec la mousseline au chou-fleur réchauffée.

Filet de limande sur crème de céleri

1 15 min 25 min

15 g de filet de limande • 20 cl de crème fraîche liquide • 1 pincée de poivre • 80 g de céleri-rave • 500 ml de lait 2e âge • 20 g de riz rond

❶ Roulez le filet de limande, poivrez-le et placez-le dans un petit poêlon. Recouvrez-le de crème fraîche liquide et faites cuire à feu vif pendant 4 minutes à compter de l'ébullition. ❷ Lorsqu'il est cuit, réservez le poisson au chaud et gardez la sauce de cuisson. ❸ Lavez, épluchez le céleri-rave et coupez-le en morceaux. Mettez les morceaux de céleri-rave et le riz rond dans une casserole contenant le lait. Faites cuire 20 minutes à partir de l'ébullition. ❹ Mixez le tout et ajoutez 1 cuillerée à soupe de sauce de cuisson du poisson. ❺ Ôtez la peau du poisson. Hachez-le et placez-le sur la crème de céleri, servez chaud.

Bœuf ficelle à la courgette

1 · 10 min · 25 min

30 g de filet de bœuf • 1 courgette (120 g environ) • 1 noisette de beurre • 1 bouillon de légumes • 1 cuil. à café de cerfeuil haché

❶ Diluez le bouillon de légumes dans 50 ml d'eau. ❷ Portez à ébullition et mettez le filet de bœuf à pocher pendant 5 minutes. Passez-le à la moulinette. ❸ Lavez la courgette, pelez-la puis coupez-la en petits dés. Mettez-les dans une casserole. Couvrez et faites cuire à feu doux pendant 20 minutes. ❹ Écrasez les légumes et ajoutez le beurre. Saupoudrez de cerfeuil. ❺ Servez le bœuf mixé accompagné de purée.

Poulet à la sénégalaise

1 · 10 min · 20 min · 15 min

20 g de blanc de poulet • ½ oignon • 1 feuille de laurier • 1 petite branche de thym • ½ jus de citron jaune • ½ jus de citron vert • 2 cuil. à café d'huile de tournesol

❶ Mélangez les jus de citron, ajoutez le laurier, le thym et ¼ de l'oignon pelé et haché. Plongez le blanc de poulet coupé en morceaux dans cette marinade pendant environ 20 minutes. ❷ Récupérez les morceaux de poulet et faites-les revenir dans 1 cuillerée à café d'huile de tournesol. Poursuivez la cuisson à feu doux pendant 10 minutes. ❸ Dans une casserole, faites revenir le reste d'oignon finement haché avec 1 cuillerée à café d'huile de tournesol, puis ajoutez la marinade préalablement passée au chinois. Portez à ébullition. ❹ Mixez le poulet avec 1 cuillerée à café de sauce.

Notre conseil : servez avec une portion de riz bien cuit mixé.

Rôti de porc à la purée de pomme

1 | 10 min | 30 min

20 g de rôti de porc bien cuit • 1 pomme golden • 1 pomme de terre (100 g) • 1 noisette de beurre

➊ Lavez, épluchez et épépinez la pomme. Lavez et épluchez la pomme de terre. Coupez-les en morceaux. Faites cuire à la vapeur : mettez en premier les morceaux de pomme de terre et, à mi-cuisson, ajoutez les morceaux de pomme fruit. ➋ Lorsque tout est cuit, moulinez-les et incorporez le beurre. Mixez le rôti de porc et mélangez-le à la purée de pomme.

Notre conseil : pour une consistance plus onctueuse, vous pouvez ajouter un peu de lait infantile dans la purée de pomme.

Mini-boulettes de fromage aux spaghettis de légumes

1 | 20 min | 15 min

1 petit navet • 1 carotte • ½ courgette • 2 petits fromages (type Kiri®, Samos®…) • 2 brins de ciboulette • 2 brins d'aneth

❶ Lavez, épluchez les légumes. Prélevez de fines lanières de carotte, de navet et de courgette à l'aide d'un couteau Économe. ❷ Placez-les dans le panier de cuisson d'un cuit-vapeur et faites cuire 15 minutes environ. ❸ Déposez les fromages sur une assiette. Écrasez-les à l'aide d'une fourchette. Prélevez-en une petite quantité avec une cuillère. Formez des petites boules. ❹ Hachez très finement la ciboulette et l'aneth. Répartissez-les séparément sur une soucoupe. Roulez-y successivement chaque boule. ❺ Servez ensemble les spaghettis de légumes et les boulettes de fromage.

Notre conseil : vous pouvez aussi réaliser des boulettes à base de fromage de chèvre frais et les présenter avec une purée de légumes.

Clafoutis aux fruits

1 · 10 min · 10 min

100 ml de lait 2e âge • 1 cuil. à café rase de semoule très fine • 3 cuil. à soupe de macédoine de fruits (en conserve)

❶ Préchauffez le four à 210 °C (th. 7). Dans une casserole, faites chauffer doucement le lait. ❷ Versez la semoule en pluie et mélangez. Laissez gonfler à feu doux 1 minute sans cesser de remuer. ❸ Versez la préparation dans un plat individuel. Ajoutez les fruits égouttés. ❹ Faites cuire au four 10 minutes environ. ❺ Sortez le plat du four. Laissez refroidir le clafoutis avant de le servir.

Soupe de pastèque

1 · 10 min · 30 min

1 sachet de sucre vanillé • 150 g de pastèque

❶ Lavez et tranchez la pastèque, retirez l'écorce. Épépinez-la et coupez la chair en petits dés. ❷ Mixez en ajoutant le sucre et un peu d'eau. Placez au réfrigérateur pendant 30 minutes. Servez bien frais.

Velours d'asperges

1 · 15 min · 15 min

150 g d'asperges (fines de préférence) • 15 g de beurre • ¼ de petit oignon haché • 1 cuil. à café de farine • 1 cuil. à soupe de crème fraîche

❶ Lavez soigneusement les asperges. Coupez-en les pointes et taillez les tiges en petites rondelles fines. Plongez-les dans une casserole d'eau bouillante pendant environ 1 minute, puis égouttez-les. ❷ Faites fondre le beurre dans une autre casserole, versez-y l'oignon haché, les rondelles d'asperge et laissez cuire pendant 5 minutes à feu doux. ❸ Hors du feu, ajoutez alors la farine et remuez bien. ❹ Reportez sur le feu et laissez mijoter (feu doux) pendant 20 minutes environ, jusqu'à ce que les asperges soient bien tendres. ❺ Ajoutez alors les pointes d'asperge et laissez cuire encore 5 minutes. Mixez jusqu'à obtenir une crème onctueuse. ❻ Ajoutez la crème fraîche, mélangez bien et servez ce velours chaud ou glacé, il est tout aussi délicieux.

Salade de courgettes aux fines herbes

1 · 10 min

80 g de courgette • 1 cuil. à café de persil, de cerfeuil et de ciboulette hachés • 1 cuil. à café d'huile de tournesol • jus de citron

❶ Lavez la courgette en éliminant la queue et les bouts ronds. Râpez-la finement. ❷ Préparez la vinaigrette avec l'huile, le jus de citron et les herbes. ❸ Dans une petite coupelle, mélangez la courgette avec la vinaigrette et servez aussitôt.

Gaspacho de betterave rouge

1 · 10 min

1 betterave cuite • 2 cuil. à soupe de yaourt • 1 cuil. à café d'huile d'olive • ½ cuil. à café de vinaigre balsamique • lait de croissance

❶ Pelez la betterave et coupez-la en morceaux. Mixez-la avec le yaourt, l'huile d'olive et le vinaigre balsamique. ❷ Si la texture vous semble trop épaisse, ajoutez quelques cuillerées de lait de croissance. Servez frais.

Caviar de tomates à l'ananas

1 | 20 min | 5 min

2 tomates • ½ gousse d'ail • 1 tranche d'ananas • 1 cuil. à café de jus de citron • 1 cuil. à café d'huile d'olive

❶ Plongez les tomates dans l'eau bouillante. Lorsque la peau commence à se décoller, plongez-les dans l'eau froide et pelez-les. Épépinez les tomates et mixez-les grossièrement. ❷ Faites revenir sans coloration l'ail finement haché dans l'huile d'olive puis ajoutez les tomates mixées. Mixez la tranche d'ananas et récupérez le jus. Ajoutez au jus d'ananas le jus de citron. ❸ Dressez dans une assiette le caviar de tomates, faites un puits au centre et versez-y la sauce à l'ananas.

Flan de carotte, sauce tomate

2 15 min 30 min

1 œuf extra-frais • 1 petite carotte • 1 cuil. à café de crème fraîche • 1 tomate • 1 pincée de sucre • 1 pincée d'estragon frais ou séché • 1 noisette de beurre

❶ Épluchez la carotte puis rincez-la. Coupez-la en fines lamelles que vous ferez cuire à la vapeur jusqu'à ce qu'elles soient bien tendres (comptez 5 minutes environ). ❷ Préchauffez le four à 200 °C (th. 7). Écrasez la carotte cuite à la fourchette et mélangez-la avec la crème, l'estragon et l'œuf battu en omelette. ❸ Beurrez un ramequin et remplissez-le de cette préparation. Faites cuire au four au bain-marie pendant une vingtaine de minutes environ. Le flan doit être pris. ❹ Coupez la tomate en dés et faites-la cuire pendant 5 minutes à la vapeur. Mixez la tomate cuite, puis passez-la au tamis et réservez-la. ❺ Servez le flan avec sa sauce tomate.

Petits flans aux carottes

2 · 5 min · 25 min

2 petits pots de purée de carottes • 1 œuf • 4 brins de cerfeuil • 20 g de fromage râpé

❶ Préchauffez le four à 180 °C (th. 6). Mixez le cerfeuil et mélangez-le avec l'œuf et le pot de carottes. ❷ Versez la préparation dans deux ramequins et saupoudrez-la de fromage râpé. ❸ Faites cuire environ 25 minutes au four. Laissez tiédir 5 minutes puis servez.

Petits légumes de printemps

1 | 15 min | 10 min

1 petit navet avec ses fanes • 1 carotte • 10 gousses de petits pois frais • 1 petit oignon blanc avec sa tige • 1 asperge verte • 1 petit cœur de laitue • 1 noisette de beurre • 2 brins de cerfeuil

❶ Écossez les petits pois. Pelez l'asperge de la pointe au bout de la queue, coupez l'extrémité. Lavez et grattez la carotte et le navet, lavez les fanes et le cœur de laitue, l'oignon blanc et sa tige. Détaillez tous les légumes en petits morceaux et faites-les cuire à l'autocuiseur 10 minutes sous pression. ❷ Mixez les légumes avec le cerfeuil lavé et équeuté et ajoutez une noisette de beurre.

Pain perdu aux légumes

1 | 10 min | 15 min

30 g de macédoine de légumes • 2 petites tranches de pain de mie • 1 jaune d'œuf • 200 ml de lait de croissance

❶ Préchauffez le four à 210 °C (th. 7). Faites griller les tranches de pain de mie. ❷ Déposez 1 tranche dans un plat allant au four. Répartissez dessus la macédoine de légumes. Recouvrez avec la tranche du pain de mie restante. ❸ Dans un bol, fouettez le jaune d'œuf avec le lait. Versez cette préparation sur le pain. ❹ Placez au four. Laissez cuire environ 15 minutes. Servez tiède.

Poulet à la purée d'aubergines

4 · 15 min · 1 h

1 poulet • 3 aubergines • 1 cuil. à soupe d'huile de tournesol • 1 pomme de terre • 2 cuil. à soupe de lait • 2 cuil. à soupe d'huile d'olive • 1 gousse d'ail finement hachée

❶ Faites rôtir le poulet au four à 210 °C (th. 7) pendant 1 heure. ❷ Lavez les aubergines, piquez la peau et faites-les cuire dans leur peau à la vapeur en autocuiseur 10 minutes (8 minutes au micro-ondes ou 45 minutes au four). ❸ Pelez et lavez la pomme de terre. Coupez-la en cubes et faites-la cuire 5 minutes en autocuiseur. ❹ Égouttez les aubergines et retirez-en la chair avec une cuillère à café. Passez la part de Bébé au mixeur avec la pomme de terre cuite, l'huile de tournesol et le lait. ❺ Servez avec un peu de poulet coupé en tout petits morceaux. ❻ Pour le reste de la famille, ajoutez l'huile d'olive, l'ail, à la pulpe d'aubergines. Mélangez à la fourchette et servez avec le poulet rôti.

Carottes et navets glacés

1 | 15 min | 30 min

100 g de carottes • 80 g de navets jaunes • 1 noisette de beurre • 1 pincée de sucre • 1 cuil. à soupe de persil haché

❶ Lavez et épluchez les légumes. Coupez les carottes en dés et les navets en bâtonnets. ❷ Faites cuire les légumes à la vapeur pendant 25 minutes. ❸ Dans une casserole sur feu doux, faites fondre le beurre. Ajoutez le sucre, puis les légumes. ❹ Laissez mijoter 4 minutes puis remuez. Saupoudrez de persil haché.

Gratin de blettes

2 · 10 min · 30 min

300 g de blettes • 100 ml de lait • 1 œuf • 20 g de gruyère râpé • 16 gouttes de jus de citron

❶ Préchauffez le four à 210 °C (th. 7). Lavez les côtes de blettes et éliminez les parties dures. Coupez-les en petits morceaux puis faites-les cuire dans l'eau bouillante et légèrement citronnée pendant 15 minutes. Égouttez. ❷ Battez l'œuf en omelette et versez le lait peu à peu. ❸ Dans un plat à four, déposez les blettes, puis versez la préparation. Saupoudrez de gruyère râpé. ❹ Mettez au four pendant 15 minutes.

Œuf cocotte

1 · 10 min · 5 à 9 min

1 œuf • ¼ de tranche de jambon • 2 cuil. à café de crème fraîche • 2 cuil. à soupe de gruyère râpé

❶ Préchauffez le four à 210 °C (th. 7). Dans un ramequin, déposez successivement : 1 cuillerée de crème fraîche, le jambon découpé en lamelles. ❷ Cassez et déposez l'œuf entier. ❸ Remettez un peu de crème fraîche. ❹ Saupoudrez de gruyère râpé, mettez à cuire au bain-marie pendant 5 à 9 minutes selon la consistance souhaitée.

Vermicelles aux œufs

2 10 min 15 min

1 tomate fraîche • ¼ d'oignon • ¼ de poivron • 2 œufs • quelques vermicelles • 1 bouillon cube • concentré de tomates • huile

❶ Coupez la tomate, l'oignon et le poivron en petits dés et faites-les revenir dans un peu d'huile. ❷ Ajoutez un peu de concentré de tomates et le bouillon cube dilué dans un peu d'eau et laissez mijoter. ❸ Cassez les œufs dans la sauce et quand ils commencent à prendre, ajoutez les vermicelles. ❹ Mélangez et arrêtez la cuisson quand les pâtes ont absorbé tout le liquide.

Croque'thon

1 15 min 10 min

1 grosse pomme de terre cuite et écrasée (ou un reste de purée) • 50 g de thon en boîte, égoutté • 30 g de maïs en boîte, égoutté • 1 cuil. à café de mayonnaise • 1 œuf • chapelure • huile

❶ Mélangez la purée de pomme de terre avec le thon, le maïs et la mayonnaise pour obtenir une pâte relativement homogène. Plus votre enfant est jeune, plus il vous faudra écraser ce mélange. ❷ Avec cette pâte, formez une ou plusieurs boulettes que vous aplatirez de manière à obtenir de petites galettes épaisses auxquelles vous donnerez les formes que vous voudrez (cœur, poisson…). ❸ Préparez deux assiettes creuses, dans l'une, battez légèrement l'œuf cru, dans l'autre, versez la chapelure. ❹ Faites chauffer de l'huile dans une poêle. ❺ Trempez les galettes dans l'œuf puis dans la chapelure et faites dorer dans la poêle bien chaude, pendant environ 3 minutes de chaque côté. ❻ Posez dans une assiette sur du papier absorbant et servez accompagné de haricots verts, de petits pois, ou encore de courgettes…

Soles à l'avocat

1 10 min 15 min

30 g de filets de sole • ½ avocat bien mûr • 100 g de fromage blanc 0 % lisse • 1 cuil. à café d'aneth haché • 1 cuil. à soupe d'huile d'olive • 1 citron • 1 petite branche de thym

❶ Faites cuire les filets de sole avec le thym à la vapeur en autocuiseur. ❷ Prélevez la chair de l'avocat et mixez-la avec le fromage blanc, le jus du citron, l'aneth et l'huile. ❸ Mixez ensuite la sole et servez-la avec la mousse d'avocat, dans la même assiette.

Boulettes de saumon et purée de châtaignes

1 20 min 26 min

25 g de saumon frais • 1 brin de cerfeuil • 1 petit oignon blanc • 100 g de châtaignes surgelées • 1 cuil. à soupe de crème fraîche • 3 cuil. à soupe de lait infantile

❶ Plongez les châtaignes dans une casserole d'eau portée à ébullition. Laissez cuire 20 minutes. Égouttez-les, passez-les au moulin à légumes. ❷ Ajoutez la crème fraîche, le lait tiédi. Réservez. ❸ Mixez ensemble le saumon, l'oignon épluché coupé en 4 et le brin de cerfeuil. ❹ Formez des boulettes. Faites-les cuire 6 minutes à la vapeur. ❺ Servez la purée de châtaignes accompagnée des boulettes de saumon.

Brochettes de poissons

1 15 min 1 h 15 min

25 g de poissons (cabillaud, saumon et thon) • 4 tomates cerises • 4 petits morceaux de brocoli • 2 cuil. à soupe d'huile d'olive • 2 cuil. à café de jus de citron

❶ Coupez les poissons en 4 morceaux chacun et faites-les mariner dans le jus de citron et l'huile pendant environ 1 heure et au frais. ❷ Faire cuire les brocolis dans 25 cl d'eau bouillante pendant 5 minutes. ❸ Composez ensuite les brochettes en intercalant poissons, tomates et brocolis. Faites-les cuire quelques minutes de chaque côté dans une poêle.

Fondue de poireau et fenouil au poisson

1 | 15 min | 25 min

1 petit poireau • ¼ de bulbe de fenouil • 30 g de filet de poisson blanc (rascasse, sole, lotte, cabillaud, colin) • 1 cuil. à soupe de mie de pain de campagne • 2 gouttes d'huile d'olive • 1 cuil. à soupe de jus de citron • 1 cuil. à café de crème fraîche

❶ Lavez et émincez la moitié du blanc de poireau et le fenouil. Mettez poireau et fenouil dans une casserole, couvrez d'eau à hauteur et ajoutez le jus de citron. Portez à frémissement et laissez cuire 20 minutes, jusqu'à ce que les légumes soient tendres. ❷ Dans une poêle antiadhésive, versez l'huile d'olive, faites dorer doucement le filet de poisson blanc, comptez 5 minutes de cuisson maximum pour les 2 faces. ❸ Effeuillez le poisson et ôtez les arêtes. ❹ Égouttez les légumes, mixez-les avec la mie de pain. Ajoutez la crème, mélangez bien et servez avec le poisson.

Papillote de cabillaud, mousseline de fenouil à l'huile d'olive

1 15 min 30 min

20 g de cabillaud • 1 cuil. à café de jus de citron • 1 cuil. à café de crème fraîche • 1 petit fenouil • 50 ml de lait de croissance • 1 cuil. à café d'huile d'olive

❶ Préchauffez le four à 220 °C (th. 7-8). Placez le cabillaud sur une feuille de papier sulfurisé. Ajoutez la crème fraîche, le jus de citron et fermez la papillote. Faites cuire à four chaud 10 minutes. ❷ Faites cuire le fenouil à la vapeur pendant 20 minutes. Une fois qu'il est cuit, coupez le fenouil en morceaux et mixez-le avec l'huile d'olive et le lait de croissance. ❸ Servez la mousseline de fenouil accompagnée du cabillaud émietté et arrosé du jus de citron.

Filet de merlan aux épinards

1 | 15 min | 20 min

30 g de filet de merlan • 100 ml de lait infantile • quelques feuilles d'épinards • 1 cuil. à soupe de farine • 1 petite pincée de noix muscade • 1 noisette de beurre

❶ Lavez les feuilles d'épinards (si vous utilisez des épinards surgelés, 2 galets suffiront). Faites-les cuire pendant 5 minutes environ à feu doux (dans une casserole à couvert, sans eau, ni matière grasse : les feuilles vont rendre de l'eau). Égouttez-les puis passez-les au mixeur. ❷ Faites bouillir le lait, réservez. Dans une autre casserole, faites fondre 1 noisette de beurre et ajoutez la farine pour réaliser une petite béchamel. Versez ensuite le lait chaud sur la préparation, mélangez pour éviter les grumeaux. Ajoutez une petite pincée de muscade pour parfumer. Laissez épaissir à feu doux sans cesser de remuer. Retirez du feu. ❸ Ajoutez les feuilles d'épinards mixées. Mélangez. Faites cuire le filet de merlan à la vapeur pendant 5 minutes environ. Émiettez-le et vérifiez l'absence d'arêtes… ❹ Versez la béchamel aux épinards sur le poisson et servez, c'est prêt !

Gratin de flétan au riz et à l'ananas

1 10 min 20 min

20 g de filet de flétan • 30 g de riz • 1 tranche d'ananas • 10 g de chapelure • 1 noisette de beurre

❶ Plongez le riz dans un grand volume d'eau et faites-le cuire le temps indiqué sur le paquet. ❷ Faites cuire le poisson à la vapeur puis hachez-le. Faites revenir la tranche d'ananas dans le beurre et faites-la cuire à feu doux pendant 5 minutes. Lorsqu'elle est fondante, mixez-la avec le riz. ❸ Dans un plat allant au four, étalez une couche de riz à l'ananas, une couche de poisson et terminez par une couche de riz à l'ananas. Saupoudrez de chapelure et enfournez quelques minutes jusqu'à ce que le gratin soit doré. Servez tiède.

Petites boulettes de poisson, sauce tomate

1 15 min 15 min

30 g de cabillaud (ou colin) • ¼ de cube de bouillon de légumes • 1 tranche de pain rassis • 1 œuf • 1 cuil. à café de sauce tomate • 1 pincée d'herbes de Provence • un peu de lait

❶ Versez un peu de lait dans une assiette creuse pour y faire tremper la tranche de pain. Égouttez-la. Émiettez le poisson. ❷ Mixez le poisson, le pain, l'œuf et les herbes de Provence. ❸ Dans une casserole, faites bouillir 1 verre d'eau avec le bouillon de légumes. ❹ À l'aide d'une cuillère à café, confectionnez des boulettes de poisson et plongez-les dans le bouillon. Laissez-les cuire une dizaine de minutes. ❺ Égouttez les boulettes et laissez-les tiédir avant de les servir accompagnées de sauce tomate.

Boulettes de poisson

1 · 10 min · 12 min

30 g de cabillaud • 1 tranche de pain de mie • 2 cuil. à soupe de lait 2e âge • 250 ml de bouillon de légumes • ciboulette • 1 œuf

❶ Faites tremper le pain de mie dans le lait. ❷ Mixez ensemble le poisson, le pain égoutté, la ciboulette et l'œuf. ❸ Portez à ébullition le bouillon de légumes dans une casserole. ❹ Avec une cuillère à café, prélevez un peu de mélange au poisson pour former des boulettes. Plongez-les dans le bouillon. Faites cuire 12 minutes. ❺ Égouttez-les. Servez accompagné d'une purée de légumes, de brocolis par exemple qui se marie très bien avec le poisson.

Aubergine au roquefort

1 | 10 min | 15 min

½ aubergine • 1 grosse pomme de terre • 30 g de roquefort

❶ Épluchez la pomme de terre et coupez-la en cubes. Coupez en cubes l'aubergine et faites-la cuire avec la peau (si possible à la vapeur) avec la pomme de terre. ❷ Au moment du mixage, ajoutez le morceau de roquefort. ❸ Servez tiède.

Boulghour sucré-salé

1 | 15 min | 25 min

50 g de boulghour fin (blé dur concassé) • ¼ d'oignon • 1 carotte • 1 petite pincée de curry doux • 15 g de raisins secs • 1 tout petit bouquet garni (thym, laurier) • huile d'olive

❶ Dans une petite casserole, faites dorer à feu doux l'oignon préalablement émincé dans un peu d'huile d'olive. ❷ Ajoutez alors la carotte coupée en fines rondelles, le curry doux, les raisins secs et un peu d'eau. ❸ Couvrez et laissez cuire pendant 10 à 15 minutes sur feu doux. ❹ Placez le boulghour dans une petite poêle, couvrez d'eau, ajoutez le bouquet garni, et portez à ébullition. Baissez le feu, couvrez et laissez cuire 5 minutes environ. ❺ Versez le contenu de la casserole sur le boulghour (en ayant pris soin d'ôter auparavant le thym et le laurier) et servez.

Délice glacé aux concombres

1 15 min 1 h

1 concombre • 300 g de fromage blanc à 40 % • 30 cl de bouillon de volaille • 2 cuil. à soupe de jus de citron • quelques feuilles de menthe

❶ Épluchez le concombre et retirez tous ses pépins. Mettez de côté un petit quart de ce concombre que vous couperez en petits dés ou en rondelles. Mixez le reste avec le jus de citron. ❷ Incorporez ensuite le bouillon et le fromage blanc. Vous pouvez ajouter aussi un peu d'aneth si vous le souhaitez. ❸ Laissez reposer au réfrigérateur pendant 1 h. Servez en décorant avec les cubes ou les rondelles de concombre et des feuilles de menthe.

Fondant de poivrons

1 | 15 min | 20 min

100 g de poivron rouge ou jaune • 80 g de fromage blanc à 20 % • 1 œuf

❶ Préchauffez votre four à 200 °C (th. 6-7). Passez le poivron à la poêle afin que la peau se décolle. Ensuite, épépinez-le et pelez-le. Mixez-le finement. ❷ Passez cette purée de poivron dans une passoire pour ôter tous les bouts de peau qui auraient pu passer. ❸ Ajoutez enfin l'œuf, le fromage. ❹ Placez cette purée dans un (ou plusieurs) petit ramequin que vous déposerez dans un bain-marie. ❺ Faites cuire 20 minutes dans le four chaud. Laissez un peu refroidir pour servir tiède.

Brouillade aux champignons

1 | 10 min | 15 min

100 g de champignons de Paris (ou autres selon la saison) • 1 petite noisette de beurre • 2 cuil. à café de crème fraîche à 25 % • 1 œuf

❶ Lavez bien les champignons, un par un afin d'en ôter toute la terre. Égouttez-les. Placez-les dans une petite casserole sur feu doux, avec la noisette de beurre. Laissez les champignons cuire doucement (s'ils rendent beaucoup d'eau, ôtez-la au fur et à mesure). ❷ En fin de cuisson, ajoutez la crème fraîche, mélangez, éteignez le feu et réservez. ❸ Versez, à froid, un peu d'huile dans une petite poêle. Toujours en dehors du feu, cassez-y l'œuf en crevant le jaune. ❹ Placez alors la poêle sur feu minimum et laissez cuire en mélangeant sans cesse, doucement, sans battre. ❺ Ajoutez les champignons cuits et servez.

Filet de poulet basquaise

1 15 min 20 min

30 g de poulet • 1 oignon blanc • 1 tomate • herbes de Provence • 1 cuil. à café d'huile d'olive

❶ Épluchez et hachez menu l'oignon. Pelez une tomate bien mûre. Coupez-la en morceaux et jetez les pépins. Mettez l'ensemble des ingrédients dans une petite casserole, ajoutez 1 pincée d'herbes de Provence, couvrez et laissez cuire à feu très doux une vingtaine de minutes, en remuant pour ne pas laisser accrocher. Au besoin, rajoutez 1 cuillerée d'eau. ❷ Au moment de servir, hors du feu, ajoutez l'huile d'olive.

Notre conseil : accompagnez ce plat d'une purée de pommes de terre.

Fenouil et riz au blanc de poulet

1 15 min 20 min

1 petit fenouil bien blanc • 1 cuil. à soupe de riz basmati • 30 g de filet de poulet • 1 brin de thym frais • 1 cuil. à café d'huile d'olive

❶ Lavez le cœur du fenouil en le passant sous l'eau, puis coupez-le en 2 dans la longueur et émincez-le. Rincez abondamment le riz. Dans une petite casserole, mettez le fenouil émincé, le riz, le poulet et le brin de thym frais. Couvrez d'eau à hauteur et faites cuire à feu moyen pendant une vingtaine de minutes, à couvert. ❷ Égouttez, mixez plus ou moins fin le tout et ajoutez l'huile d'olive.

Mousse d'agneau aux petits légumes

1 15 min 40 min

30 g d'épaule d'agneau désossée • 1 cuil. à café de farine • 1 carotte • 1 tomate • ½ oignon • 2 champignons de Paris • 2 cuil. à soupe de purée de pomme de terre • 1 brin de persil • sel - poivre

❶ Pelez et émincez le demi-oignon. Pelez la carotte, coupez-la en petits dés. Pelez et épépinez la tomate, coupez-la en petits dés. ❷ Coupez la viande en petits dés. Dans une cocotte, faites revenir l'oignon émincé et la viande. Saupoudrez de farine, mélangez bien. Laissez cuire pendant 5 minutes. ❸ Ajoutez la carotte, la tomate, les champignons parés et émincés, le persil haché. Salez, poivrez. Ajoutez un verre d'eau. Laissez cuire à couvert 20 minutes sur feu doux. Mixez le tout. ❹ Préchauffez le four à 210 °C (th. 7). Tapissez un plat ovale avec une feuille de papier de cuisson. Répartissez sur le fond la purée de pommes de terre. Puis, dessus, une couche de viande mixée aux légumes. Recouvrez avec le reste de purée. Enfournez pour 15 minutes.

Gigot d'agneau et purée de potiron

1 15 min 15 min

30 g de gigot d'agneau • 80 g de potiron • 1 petite pomme de terre • 1 petite gousse d'ail • persil • 1 noisette de beurre • ½ verre de lait • 1 petite pincée de muscade

❶ Épluchez la pomme de terre et le potiron. Lavez-les et coupez-les en petits dés. Hachez finement le persil. Découpez la tranche de gigot en petits dés. ❷ Dans une cocotte, faites fondre le beurre. Déposez la gousse d'ail entière et non pelée (pour que l'arôme soit léger), laissez-la se colorer pour parfumer le beurre puis retirez-la. ❸ Ajoutez alors les légumes dans la cocotte (pomme de terre, potiron, persil) ainsi que les petits dés de viande. Faites revenir le tout en remuant. ❹ Ajoutez la muscade, puis 1 demi-verre d'eau et 1 demi-verre de lait. Couvrez et laissez cuire à feu doux pendant une dizaine de minutes. Retirez ensuite les petits dés de viande. ❺ Passez les légumes au moulin à légumes avec un peu de jus de cuisson. Mixez la viande (selon l'âge de l'enfant). Mélangez la viande et la purée.

Marée au lait de coco

2 — 15 min — 20 min

20 g de filet de merlan • 30 g crevettes roses cuites • 150 ml de lait de coco • ¼ d'1 petit oignon doux • ½ cuil. à café de fécule de maïs

❶ Préchauffez le four à 180 °C (th. 6). Hachez finement l'oignon. Décortiquez et hachez les crevettes et le poisson (après en avoir ôté les arêtes). ❷ Dans un bol, délayez la fécule de maïs dans le lait de coco, ajoutez-y l'oignon, le poisson et les crevettes et mélangez. Versez le tout dans un petit récipient creux allant au four. ❸ Enfournez pour 15 ou 20 minutes environ. Laissez tiédir avant de servir.

Gratin miracle

2 · 15 min · 20 min

60 g de semoule de blé fine • 30 cl de lait demi-écrémé • 40 g de gruyère râpé • 1 œuf • 40 g de miettes de thon • 2 tomates

❶ Préchauffez le four à 220 °C (th. 7-8). Faites chauffer le lait jusqu'à ébullition, versez alors la semoule, laissez bouillir 1 minute, puis incorporez la moitié du gruyère et l'œuf. ❷ Étalez à la spatule dans deux petits plats à gratin beurrés. Disposez dessus le thon égoutté et les tomates coupées en fines rondelles. ❸ Saupoudrez avec le gruyère restant et mettez au four 15 à 20 minutes. Servez.

La farinette

4 à 6 | 15 min | 10 min

4 œufs • 1 cuil. à soupe de lait demi-écrémé • 1 cuil. à soupe de farine • 400 g de pommes de terre cuites

❶ Coupez les pommes de terre en petits morceaux. ❷ Cassez les œufs entiers dans un grand bol, ajoutez-y le lait et la farine, puis les pommes de terre. Mélangez bien l'ensemble. ❸ Faites cuire pendant 10 minutes environ dans une poêle comme une omelette. Laissez tiédir et servez.

Tartelette fenouil et pomme

2 | 15 min | 45 min

⅓ de bulbe de fenouil • 1 pomme • 30 g de compote de pomme • ⅓ de pâte brisée • 2 pincées de sucre vanillé

❶ Préchauffez le four à 180 °C (th. 6). Beurrez 2 moules à tarte individuels ou mettez du papier sulfurisé au fond. Étalez-y la pâte brisée et piquez-la à l'aide d'une fourchette ou de la pointe d'un couteau. Faites cuire la pâte à blanc 15 minutes au four. ❷ Pelez la pomme, lavez le fenouil et coupez-les en fines lamelles. Étalez sur la pâte la compote de pomme, placez ensuite les lamelles de pomme et de fenouil en les intercalant. ❸ Saupoudrez de sucre vanillé et faites cuire 25 à 30 minutes au four à la même température.

Pâtes à la bolognaise

1 15 min 15 min

20 g de bœuf haché • ½ tomate • 1 petite carotte • 1 cuil. à soupe d'huile d'olive • ¼ d'oignon blanc • 80 g de petites pâtes bien cuites

❶ Lavez, pelez et épépinez soigneusement la tomate, coupez-la en petits morceaux. Épluchez la carotte, râpez-la et hachez l'oignon. ❷ Faites revenir l'oignon dans une poêle avec l'huile d'olive. Ajoutez la carotte râpée et poursuivez la cuisson 2 minutes. Ajoutez le bœuf et faites-le dorer. Mettez ensuite la tomate préalablement coupée en petits dés avec 3 cuillerées à soupe d'eau et portez à ébullition. ❸ Ensuite, baissez le feu, couvrez et laissez mijoter pendant 10 minutes. ❹ Passez le tout au mixeur. Versez la sauce sur les pâtes.

Le charquican (ragoût chilien)

1 · 20 min · 15 min

20 g de viande de bœuf • 2 pommes de terre • 100 g de courgette • 1 carotte • 1 cuil. à café d'huile de tournesol • 1 pincée d'origan • ¼ d'oignon • ¼ de gousse d'ail

❶ Lavez, pelez les pommes de terre et la carotte, coupez-les en dés. Lavez, pelez, épépinez et coupez en dés la courgette. Pelez et hachez l'oignon et l'ail. ❷ Dans une poêle, faites revenir l'oignon et l'ail. Ajoutez ensuite la viande de bœuf coupée en petits morceaux, puis l'origan et faites cuire pendant 4 à 5 minutes. ❸ Ajoutez les pommes de terre et les courgettes et laissez cuire à feu doux pendant 10 minutes. Remuez très régulièrement. ❹ Versez un peu d'eau et laissez mijoter jusqu'à ce que les légumes soient cuits. ❺ À l'aide d'une écumoire, récupérez les légumes et écrasez-les grossièrement à la fourchette. Ajoutez un peu de jus de cuisson si les légumes vous semblent secs. ❻ Récupérez ensuite la viande de bœuf et mixez-la. Servez tiède à Bébé.

Couscous aux petits légumes à la provençale

1 · 10 min · 15 min

130 g de ratatouille en petit pot • 40 g de semoule fine de couscous • 1 cuil. à café de pois chiches cuits en conserve • 1 pincée de paprika doux

❶ Rincez les pois chiches sous l'eau froide. Écrasez-les en purée à l'aide d'une fourchette. ❷ Mettez la semoule dans une passoire à tamis fin. Passez-la sous l'eau froide. ❸ Versez la ratatouille dans une casserole. Ajoutez 50 ml d'eau, le paprika et la purée de pois chiches. ❹ Placez la passoire de semoule au-dessus de la ratatouille. Couvrez. Laissez cuire à la vapeur 15 minutes. ❺ Égrainez la semoule avec une fourchette. Incorporez la ratatouille. Servez aussitôt.

Gnocchis de semoule au coulis de carottes

1 | 20 min | 30 min

15 g de semoule • 2 carottes • 250 ml de lait infantile • 20 g de comté • 1 jaune d'œuf • 1 cuil. à soupe de crème liquide • 1 noisette de beurre

❶ Pelez et détaillez les carottes, faites-les cuire à l'eau bouillante puis mixez-les en purée. Préchauffez le four à 180 °C (th. 6). ❷ Dans une casserole, faites bouillir le lait. Baissez le feu, versez la semoule en pluie. Laissez cuire doucement en remuant, jusqu'à épaississement. ❸ Ajoutez la crème fraîche, le fromage râpé et le jaune d'œuf. Versez cette préparation dans un plat à gratin. Faites cuire 20 minutes au bain-marie au four. Laissez tiédir. ❹ Formez des gnocchis à l'aide d'une petite cuillère. ❺ Faites réchauffer la purée de carottes avec le lait. Versez dans l'assiette et déposez dessus les gnocchis. Servez avec la noisette de beurre.

Crème au chocolat

4 · 5 min · 10 min

3 jaunes d'œufs • 500 ml de lait 2e âge • 60 g de chocolat noir

❶ Cassez le chocolat en morceaux et faites-le fondre au bain-marie. ❷ Ajoutez le lait tiède et les jaunes d'œufs préalablement battus, mélangez bien. ❸ Dans une casserole, faites cuire en remuant sans cesse jusqu'à ce que la crème épaississe. Ne laissez pas bouillir afin que la crème ne tourne pas. ❹ Laissez refroidir et servez frais.

Gâteau de Savoie à la noix de coco

6 10 min 45 min

170 g de sucre • 4 œufs • 30 g de noix de coco râpée • 40 g de farine • 40 g de fécule de pomme de terre • 1 noisette de beurre

❶ Préchauffez le four à 180 °C (th. 6). Séparez les blancs des jaunes d'œufs et mélangez les jaunes avec le sucre. ❷ Ajoutez la noix de coco, la farine et la fécule. ❸ Mélangez bien le tout. ❹ Battez les blancs en neige très ferme, puis incorporez-les au mélange. Remuez ensuite jusqu'à obtention d'une pâte homogène. ❺ Mettez la préparation dans un moule beurré et placez-le au four. Laissez cuire 45 minutes, démoulez et laissez refroidir.

Gâteau au yaourt

6 10 min 30 min

(1 pot = l'équivalent du contenu du pot de yaourt utilisé)
1 pot de yaourt • 3 pots de farine • 1 pot de sucre • ½ pot d'huile • 2 œufs • 1 sachet de sucre vanillé • ½ sachet de levure

❶ Préchauffez le four à 210 °C (th. 7). ❷ Mélangez tous les ingrédients, versez dans un moule et faites cuire 30 minutes. ❸ Démoulez et laissez refroidir.

Notre conseil : vous pouvez varier cette recette à votre guise, en ajoutant des fruits ou du chocolat à la pâte.

Pain d'épices

6 10 mi 50 min

200 g de miel liquide • 100 g de sucre • 1 verre de lait 2e âge • 250 g de farine • ½ cuil. à café de mélange d'épices « spécial pain d'épices » (10 g de cannelle, 5 g de gingembre, 15 g d'anis vert, 5 g de muscade, 5 g de clous de girofle, le tout passé au moulin à café ou à poivre) • 1 sachet de levure chimique • 1 petite pincée de cannelle en poudre • 1 noisette de beurre

❶ Faites fondre à feu doux le miel et le sucre jusqu'à ce que l'ensemble soit bien liquide. ❷ Ajoutez alors le lait tiède puis la farine mélangée à la levure. Mélangez le tout afin d'obtenir une pâte uniforme et sans grumeau. ❸ Incorporez ensuite les épices (la cannelle y compris) et mélangez à nouveau. ❹ Répartissez la pâte dans un moule à cake préalablement beurré. ❺ Faites cuire environ 50 minutes à 150 °C (th. 5). Vérifiez la cuisson en plantant un couteau au centre du gâteau. Il doit ressortir sec. ❻ Laissez refroidir avant de servir.

Pain perdu à la cannelle

1 10 min 10 min

quelques tranches de pain blanc ou de brioche rassis • 1 assiette à soupe de lait 2e âge • 1 œuf • 20 g de beurre • 2 cuil. à café de sucre en poudre • 1 pincée de cannelle en poudre

❶ Faites tremper les tranches de pain ou de brioche dans le lait battu avec l'œuf. ❷ Faites-les frire à la poêle des deux côtés. ❸ Puis, après avoir mélangé le sucre en poudre avec la cannelle, saupoudrez légèrement les tranches dorées. ❹ Servez en prenant garde à ce que Bébé ne se brûle pas !

Petit beignet de banane

1 · 10 min · 10 min

1 banane bien mûre • 1 œuf • 1 grosse cuil. à soupe bien bombée de farine • 4 cuil. à soupe de lait 2e âge • 1 cuil. à soupe d'huile

❶ Écrasez la banane avec une fourchette, ajoutez-y l'œuf et la farine, puis mélangez énergiquement à l'aide d'un fouet. ❷ Ajoutez un peu de lait afin que la pâte fasse le ruban (comme une pâte à crêpes). ❸ Faites chauffer un peu d'huile dans une poêle. ❹ Quand l'huile est chaude, déposez 1 cuillerée à soupe de la préparation, ou plusieurs cuillerées à intervalles réguliers. ❺ Faites dorer les beignets de chaque côté. ❻ Dégustez chaud ou tiède.

Mousses rapides aux fruits

1 | 10 min

1 cuil. à soupe de fromage blanc 20 % • 30 g de fruits de votre choix : pêche, abricot, poire... • ½ blanc d'œuf • 1 cuil. à café de sucre vanillé • 1 carré de chocolat noir

❶ Dans un bol, fouettez le fromage pour l'alléger. ❷ Passez les fruits au mixeur séparément. ❸ Montez le ½ blanc d'œuf en neige et incorporez-y le sucre vanillé. ❹ Pour chaque fruit, utilisez un récipient différent. Placez-y, dans l'ordre, un peu de fromage blanc, un peu d'œuf en neige, une purée de fruit. ❺ Au moment de servir, saupoudrez de chocolat râpé.

Notre conseil : ces mousses doivent être préparées juste avant le repas et gardées au frais jusqu'au moment de les servir.

Minestrone de printemps

4 · 20 min · 30 min

2 poireaux • 1 courgette • 2 carottes • 1 goutte d'huile 100 g de haricots verts • 2 tomates • 1 verre de pâtes type vermicelles, étoiles... • 2 branches de basilic (facultatif)

❶ Effilez les haricots et coupez-les menu, pelez les tomates, épépinez-les et coupez-les en dés. Lavez les poireaux et la courgette, épluchez les carottes puis râpez-les. ❷ Chauffez l'huile dans une cocotte. Ajoutez les légumes. Faites cuire 5 minutes. ❸ Arrosez avec 1 litre d'eau bouillante. Dès la reprise de l'ébullition, baissez le feu. Laissez cuire 10 minutes. ❹ Ajoutez les pâtes. Poursuivez la cuisson encore 10 minutes. Parsemez de basilic ciselé. Servez.

Nouilles carbonara

1 15 min 20 min

40 g de nouilles • 10 g de parmesan • 25 g de jambon • 50 ml de lait • 2 cuil. à café de farine • noix de muscade

❶ Faites cuire les nouilles 8 minutes à l'eau bouillante. ❷ Préchauffez le four à 210 °C (th. 7). Délayez la farine avec le lait, ajoutez une pincée de muscade. Mettez sur le feu et faites cuire sans cesser de remuer avec une spatule en bois. ❸ Retirez du feu et ajoutez le jambon coupé en petites lamelles. ❹ Dans un plat à four, versez les nouilles et nappez avec la sauce. Saupoudrez de parmesan et passez quelques instants au four.

Petite salade de concombre à l'œuf dur et au fromage blanc

1 15 min 5 min

1 œuf • 1 tronçon de concombre de 6 cm environ • 1 cuil. à soupe de fromage blanc à 20 % • 1 brin de cerfeuil

❶ Couvrez l'œuf d'eau chaude et laissez cuire à feu vif pendant 10 minutes à partir de l'ébullition. Placez l'œuf sous l'eau froide pour arrêter la cuisson. ❷ Épluchez le tronçon de concombre et coupez-le en 4 dans la longueur. Retirez les pépins. Râpez la pulpe assez finement. Essorez-la dans une passoire tamis. ❸ Mélangez la pulpe du concombre avec le fromage blanc et le cerfeuil lavé, équeuté, puis finement ciselé. ❹ Écalez l'œuf et hachez-le menu au couteau. Ajoutez-le au concombre et mélangez bien. Servez cette salade à température ambiante.

Cake aux olives

4 · 15 min · 20 min

200 g de farine • 125 g de beurre • 3 œufs • 1 petite poignée de gruyère râpé (ou 1 cuil. à soupe de parmesan) • 100 g de petits lardons fumés • 100 g d'olives vertes dénoyautées • 1 sachet de levure

❶ Préchauffez le four à 180 °C (th. 6). Mélangez la farine et la levure avec le beurre ramolli jusqu'à obtenir une pâte uniforme. Incorporez les œufs entiers un à un. Ajoutez ensuite le gruyère (ou le parmesan), les lardons et les olives dénoyautées. Mélangez bien l'ensemble. ❷ Versez cette pâte dans un moule à cake antiadhésif (de 25 cm de long). ❸ Faites cuire à four chaud pendant 1 heure environ. Lorsque le cake est bien doré et gonflé, vérifiez sa cuisson à l'aide d'un couteau (si la lame ressort sèche, c'est cuit !).

Aumônière de poisson surprise

1 | 15 min | 30 min

50 g de filet de poisson (cabillaud, sabre, empereur, merlan…) • ½ carotte • 25 g de riz • 50 g d'épinards frais, surgelés ou en conserve • 1 brin de persil • 1 noisette de beurre • quelques gouttes de jus de citron • sel

❶ Préchauffez le four à 210 °C (th. 7). Épluchez la carotte et coupez-la en fins bâtonnets. Faites-les cuire avec le riz 20 minutes environ dans de l'eau bouillante. ❷ Répartissez au centre d'une feuille de papier de cuisson riz, épinards, poisson, bâtonnets de carotte, persil haché, beurre. Citronnez et salez. ❸ Refermez la papillote. Faites cuire au four 10 minutes.

Notre conseil : prenez soin d'ouvrir la papillote avant de servir afin de laisser la vapeur s'échapper et n'oubliez pas d'ôter les arêtes du poisson.

Porc grillé aux petits pois

Pour bébé et ses parents 15 min 15 min

400 g de grillades de porc • 500 g de petits pois surgelés• 1 cuil. à soupe de crème fraîche ou une noix de beurre • 2 cuil. à soupe de lait • 1 cuil. à café de persil haché

❶ Faites bouillir 500 ml d'eau légèrement salée. Versez les petits pois dans la casserole et faites cuire 15 minutes. ❷ Faites griller la viande au gril. ❸ Égouttez les petits pois. ❹ Mixez la part de petits pois de l'enfant avec le lait. Servez avec un peu de porc découpé en tout petits morceaux. ❺ Pour le reste de la famille, ajoutez la crème ou le beurre aux petits pois ainsi que le persil haché. Servez avec le porc grillé.

Dinde en papillote

1 15 min 15 min

60 g d'escalope de dinde • 60 g de gruyère • 50 g de petits pois surgelés • 1 cuil. à café de persil haché • ½ cuil. à café d'huile

❶ Préchauffez le four à 210 °C (th. 7). Mixez l'escalope de dinde pour la réduire en purée. ❷ Découpez de minces copeaux de gruyère. ❸ Mélangez le hachis de dinde, les petits pois et le persil. ❹ Préparez une feuille d'aluminium et huilez-la. Placez quelques copeaux de gruyère puis le mélange dinde et petits pois. Recouvrez de copeaux de gruyère. ❺ Fermez la papillote et faites cuire 15 minutes au four.

Poulet à la purée d'aubergines

4 · 20 min · 1 h 10

1 poulet • 3 aubergines • 1 cuil. à soupe d'huile de tournesol • 1 pomme de terre • 2 cuil. à soupe de lait demi-écrémé • 2 cuil. à soupe d'huile d'olive • 1 gousse d'ail finement hachée • sel

❶ Faites rôtir le poulet au four à 210 °C (th. 7) pendant 1 heure. ❷ Lavez les aubergines, piquez la peau et faites-les cuire dans leur peau à la vapeur en autocuiseur 10 minutes (ou 8 minutes au micro-ondes, ou 45 minutes au four). ❸ Pelez et lavez la pomme de terre. Coupez-la en cubes et faites-la cuire 5 minutes en autocuiseur. ❹ Égouttez les aubergines et retirez-en la chair avec une cuillère à café. ❺ Passez la part de Bébé au mixeur avec la pomme de terre cuite et le lait. Servez avec un peu de poulet coupé en tout petits morceaux. ❻ Pour le reste de la famille, ajoutez l'huile d'olive, de l'ail finement haché et du sel à la pulpe d'aubergines. Mélangez à la fourchette et servez avec le poulet rôti.

Pain de poisson sauce rose

1 15 min 30 min

300 ml de soupe à la tomate • 80 g de filet de limande • ¼ de courgette • 1 petit-suisse • 1 œuf • 2 cuillerées à soupe de yaourt • 1 tranche de pain de mie • cerfeuil • 1 noisette de margarine

❶ Préchauffez le four à 180 °C (th. 6). Hachez finement le poisson. Lavez la courgette puis râpez-la avec une grille fine. Lavez et ciselez le cerfeuil. ❷ Mélangez dans un saladier le petit-suisse avec l'œuf battu. Ajoutez le pain de mie émietté, le poisson et 125 ml de soupe à la tomate. Mélangez. ❸ Incorporez ensuite la courgette râpée et le cerfeuil haché. Mélangez. ❹ Versez cette préparation dans un moule à cake enduit de margarine et faites cuire au bain-marie dans le four pendant 30 minutes. ❺ Servez les petites tranches de ce pain de poisson avec le restant de soupe à la tomate mélangé avec le yaourt.

Riz cantonais

1 15 min 30 min

30 g de riz • 1 œuf • 50 g de petits pois surgelés • 15 g de jambon

❶ Faites cuire le riz selon les instructions inscrites sur le paquet, égouttez-le. Faites cuire les petits pois dans une grande quantité d'eau pendant 10 minutes. ❷ Battez les œufs, ajoutez 1 cuillerée à soupe d'eau. Faites cuire l'omelette à la poêle, coupez-la en petits morceaux. ❸ Mélangez ensuite le riz, les petits pois, le jambon et les morceaux d'omelette.

Riz mexicain

1 | 15 min | 30 min

20 g de riz • 20 g de poulet • ¼ d'oignon • ½ gousse d'ail • 10 g de poivron rouge • 10 g de poivron vert • 80 g de tomate • 1 cuil. à café d'huile d'olive • ½ l d'eau • 1 noisette de beurre

❶ Préchauffez le four à 220 °C (th. 7-8). Lavez, épépinez les poivrons puis enfournez-les, peau sur le dessus, pendant 10 minutes. Sortez-les du four puis placez-les dans un sac plastique durant 5 minutes. Il est ainsi plus facile de les peler. ❷ Pelez l'ail et l'oignon, hachez-les. Détaillez les poivrons en petits dés. Faites revenir l'oignon, l'ail et les poivrons dans l'huile d'olive. Ajoutez le riz et laissez-le dorer. Versez ensuite l'eau, qui doit largement recouvrir la préparation. Laissez cuire à feu doux pendant le temps de cuisson du riz, environ 15 minutes. ❸ Plongez la tomate 1 minute dans de l'eau bouillante, puis dans de l'eau froide, pelez-la. Égrenez-la et coupez-la en morceaux. ❹ Quelques minutes avant la fin de la cuisson, ajoutez les morceaux de tomate à l'eau de cuisson du riz. ❺ Égouttez tous les ingrédients et mixez-les. ❻ Coupez le poulet en morceaux et faites-les dorer dans une poêle. Servez le riz mexicain accompagné de morceaux de poulet grillés hachés.

Clafoutis au kiwi

4 · 15 min · 55 min

3 œufs • 2 cuil. à soupe de farine • 60 g de sucre • 200 ml de lait de croissance • 5 kiwis

❶ Préchauffez le four à 180 °C (th. 6). Dans un plat, battez les œufs avec le sucre. Ajoutez la farine puis ajoutez progressivement le lait de croissance préalablement bouilli. ❷ Épluchez les kiwis. Réservez en 1, puis coupez les 4 restants en morceaux. ❸ Mixez le kiwi réservé et incorporez le jus obtenu à la préparation. ❹ Placez les morceaux de kiwis au fond d'un plat allant au four. Versez la préparation sur les fruits. Faites cuire environ 45-50 minutes. Servez tiède.

Croissants de lune

Pour 40 biscuits 20 min 15 min 15 min

210 g de farine • 60 g de sucre • 80 g de poudre de noisettes • 150 g de beurre • 1 œuf • 20 g de sucre glace

❶ Mélangez la farine, le sucre et la poudre de noisettes dans une terrine, puis ajoutez le beurre coupé en petits morceaux. Incorporez ensuite l'œuf battu et pétrissez avec les mains jusqu'à obtention d'une grosse boule. Laissez reposer un quart d'heure au réfrigérateur. ❷ Préchauffez le four à 160 °C (th. 5-6). Prélevez la pâte par cuillerées puis roulez-la entre les mains pour obtenir un petit rouleau d'1 cm de diamètre. Coupez le rouleau en tronçons de 5 cm, courbez-les en forme de croissant et déposez-les sur une plaque à pâtisserie. ❸ Faites cuire à four doux pendant 15 minutes environ jusqu'à coloration des biscuits. Saupoudrez ensuite les biscuits de sucre glace.

Gâteau aux pommes et à la citrouille

4 · 15 min · 1 h

800 g de chair de citrouille • 150 g de farine de blé • 150 g de cassonade • 2 pommes • 1 cuil. à soupe d'huile de tournesol • 1 cuil. à soupe d'extrait de vanille

❶ Préchauffez le four à 220 °C (th. 7-8). Lavez et pelez les pommes, découpez-les en petits dés. Coupez la citrouille en 2, puis sa chair en gros dés. ❷ Faites cuire 20 minutes les dés de citrouille dans une grande quantité d'eau bouillante. Égouttez soigneusement, puis passez au mixeur. ❸ Ajoutez l'huile de tournesol, la farine, la cassonade, les dés de pommes et l'extrait de vanille. ❹ Versez la pâte dans un moule de 26 cm de diamètre, placez au four et faites cuire 40 minutes. Dégustez ce gâteau tiède ou froid.

Madeleines à la fleur d'oranger

Pour 12 madeleines 10 min 10 min

150 g de farine • 125 g de beurre fondu + 25 g pour le moule • 150 g de sucre en poudre • 2 œufs • 2 cuil. à soupe de fleur d'oranger

❶ Préchauffez le four à 180 °C (th. 6). Dans un saladier, mélangez sucre et œufs entiers. Lorsque le mélange est bien mousseux, versez la farine. Dès obtention d'une pâte homogène, versez la fleur d'oranger, puis le beurre fondu. ❷ Une fois la pâte prête, beurrez le moule à madeleines et remplissez-le. Enfournez et laissez cuire la préparation entre 8 à 10 minutes selon votre four. À déguster froid, tiède ou chaud en fonction des goûts…

Pomme surprise

1 15 min 1 h 10 min

1 pomme • 2 ou 3 pruneaux d'Agen (selon la taille de la pomme) • 1 tranche de pain brioché • 1 cuil. à café de sucre vanillé • 1 petite noisette de beurre

❶ 1 heure avant de préparer ce dessert, faites tremper les pruneaux dans un petit bol d'eau chaude. ❷ Épluchez la pomme sans la couper, et creusez son cœur afin d'en enlever les pépins. Égouttez ensuite les pruneaux, ôtez les noyaux et glissez-les au milieu de la pomme. ❸ Mettez la tranche de brioche dans un petit plat à four à micro-ondes. Posez la pomme sur la tranche de brioche, déposez la noisette de beurre comme un chapeau sur le dessus de la pomme, saupoudrez de sucre vanillé. ❹ Faites cuire au micro-ondes pendant 10 minutes environ. Dégustez tiède.

Notre conseil : si vous utilisez un four traditionnel, comptez environ 40 minutes de cuisson.

Muffins aux fruits rouges

Pour 6 muffins 10 min 20 min

150 g de farine • ½ sachet de levure • 25 g de sucre roux • 100 ml de lait • 1 œuf • 25 g de beurre • 125 g de myrtilles

❶ Préchauffez le four à 180 °C (th. 6). Dans un saladier, versez la farine, la levure et le sucre. Faites un puits. ❷ Battez dans un bol l'œuf, le lait et le beurre fondu. Versez cette préparation au centre du puits. Mélangez bien. ❸ Remplissez le moule à muffins à la moitié. Ajoutez les myrtilles. Recouvrez avec le reste de pâte. ❹ Faites cuire 20 minutes environ. ❺ Démoulez les muffins encore chauds sur une grille.

Notre conseil : vous pouvez aussi réaliser cette recette avec des cassis ou des groseilles.

Chouquettes aux fruits

1 10 min 10 min

3 chouquettes • 1 quartier de pomme • 1 quartier de brugnon • 2 tranches de kiwi • 2 tranches de banane • ½ cuil. à café de sucre vanillé • 1 pincée de cannelle

❶ Coupez tous les fruits en petits morceaux. Placez-les dans une casserole. Ajoutez 2 cuillerées à soupe d'eau, le sucre vanillé et la cannelle. ❷ Faites cuire sur feu doux 10 minutes. ❸ Laissez refroidir à température ambiante. ❹ Écrasez l'ensemble en purée. ❺ Faites une petite entaille dans les chouquettes à l'aide de la pointe d'un couteau. Remplissez-les de compote de fruits.

Notre conseil : vous pouvez remplacer la pomme par de la poire et ajouter de l'abricot ou des fruits rouges. Vous pouvez aussi parsemer de quelques pépites de chocolat noir.

Salade composée

4 · 20 min

3 carottes • 1 navet nouveau • 200 g de champignons de Paris • 1 pomme • 5 radis • 1 tronçon de concombre de 5 cm environ • quelques gouttes de jus de citron • 2 cuil. à soupe de fromage blanc à 20 % • 1 cuil. à soupe de cerfeuil

❶ Lavez, épluchez les carottes et le navet. Coupez le pied terreux des champignons. Pelez-les. Évidez la pomme. Rincez les radis, coupez leurs fanes. Lavez, essuyez le concombre, coupez-le en deux, retirez les graines. ❷ Râpez en julienne et mélangez le tout dans un récipient. ❸ Arrosez de jus de citron. Ajoutez le fromage blanc puis le cerfeuil haché. Mélangez à nouveau. ❹ Servez.

Notre conseil : consommez rapidement les produits râpés après préparation afin d'éviter la déperdition de leurs vitamines. Les fruits et les légumes conservent ainsi tout leur arôme.

Colin au quinoa, purée de tomate crue au persil

1 · 15 min · 15 min

30 g de chair de colin • 2 cuil. à soupe de quinoa • 1 tomate bien mûre • 1 cuil. à café d'huile d'olive • 1 petit brin de persil

❶ Ôtez le pédoncule de la tomate puis lavez-la et coupez-la en petits morceaux, mixez-les finement avec le brin de persil lavé. Passez ensuite la purée obtenue à la passoire tamis. Mélangez avec l'huile d'olive et réservez. ❷ Faites cuire le quinoa dans de l'eau bouillante comme indiqué sur le paquet, mais rallongez le temps de cuisson de 2 ou 3 minutes et ne salez pas. 5 minutes avant la fin de la cuisson du quinoa, rajoutez le colin après avoir vérifié qu'il n'y a pas d'arêtes dans le morceau. ❸ Égouttez quinoa et poisson puis écrasez-les ensemble. Mélangez avec la purée de tomate crue au persil.

Crumble de poisson

1 · 15 min · 20 min

30 g de poisson • 1 petite tomate • quelques petits pois • 1 pincée de ciboulette ciselée • le jus d'1 citron (ou 1 filet d'huile d'olive) • 50 g de farine • 25 g de beurre • 1 pincée de sel

❶ Préparez la pâte à crumble : malaxez du bout des doigts la farine, le beurre et la pincée de sel jusqu'à obtention d'une pâte sableuse. ❷ Préchauffez le four à à 210 °C (th. 7). Coupez la tomate en petits dés après l'avoir épépinée. Faites cuire le poisson à l'eau pendant 5 minutes. ❸ Mélangez la tomate coupée en dés, quelques petits pois, la ciboulette et le jus de citron (ou huile d'olive) au poisson cuit. ❹ Versez cette préparation dans un ramequin, puis saupoudrez de pâte sableuse. Enfournez pour 15 minutes. Laissez tiédir avant de servir.

Merlan au comté

1 | 15 min | 20 min

1 petit filet de merlan (de 30 g environ) • ½ courgette • 1 cuil. à café de comté râpé • 2 cuil. à café de lait • persil

❶ Faites cuire le poisson dans une poêle antiadhésive. Saupoudrez de fromage et arrosez de lait. Laissez cuire à couvert pendant 5 minutes. ❷ Coupez la demi-courgette en rondelles et faites-la cuire à la vapeur avec le persil pendant 15 minutes. ❸ À la fin de la cuisson, dressez dans une assiette le poisson avec les rondelles de courgette.

Boulettes de cabillaud aux petits légumes

1 15 min 20 min

30 g de cabillaud • 1 petit oignon blanc • 3 brins de cerfeuil • 1 carotte • 50 g de petit pois • 50 g de haricots verts • 2 noisettes de beurre • sel

❶ Lavez les légumes, épluchez-les et enlevez les fils des haricots. Coupez la carotte en petits dés. Faites cuire les légumes dans de l'eau bouillante salée pendant environ 10 minutes. ❷ Pelez l'oignon et coupez-le en 4. Lavez et essuyez le cerfeuil. Mixez le poisson avec l'oignon et le cerfeuil. ❸ Formez des boulettes avec cette préparation et faites-les cuire à la vapeur pendant 6 minutes environ. ❹ Écrasez les légumes à la fourchette avec le beurre. Servez les boulettes accompagnées de la purée de légumes verts.

Cabillaud aux légumes et au riz

1 | 15 min | 20 min

60 g de carotte • 60 g de courgette • 30 g de filet de cabillaud (ou colin, merlan, raie…) • 30 g de riz • huile d'olive

❶ Épluchez les légumes et lavez-les. Râpez la carotte et la courgette (ou coupez-les en fines lamelles). Réservez. ❷ Séparément, faites cuire la portion de riz dans un volume d'eau. ❸ Versez un filet d'huile d'olive dans une poêle et faites revenir le filet de poisson. Réservez. ❹ Dans une poêle, faites revenir la carotte râpée avec un filet d'huile d'olive pendant quelques minutes (au besoin ajoutez un peu d'eau). Ajoutez ensuite la courgette. Laissez cuire quelques minutes et remettez le poisson préalablement cuit. ❺ Avant de servir, ajoutez le riz et mélangez.

Citrouille en gratin

1 | 15 min | 35 min

200 g de chair de citrouille • 1 petite pomme de terre • 40 g de comté • 1 œuf

❶ Préchauffez le four à 220 °C (th. 7). Lavez la citrouille puis extrayez la chair et détaillez-la en petits cubes. Lavez et pelez les pommes de terre. Découpez-les en petits dés. ❷ Dans une casserole, portez à ébullition une grande quantité d'eau. Placez-y les cubes de citrouille et de pomme de terre. Laissez cuire 20 minutes à gros bouillons. Égouttez-les soigneusement sur du papier absorbant. Placez-les dans un plat huilé allant au four. ❸ Recouvrez de comté râpé en réservant 2 cuillerées à soupe de fromage. ❹ Battez l'œuf en omelette. Versez cette préparation sur les légumes, saupoudrez du reste de fromage et faites cuire 15 minutes au four.

Flan de potiron

1 · 10 min · 30 min

50 g de chair de potiron • 1 œuf • 1 cuil. à café de crème fraîche • ½ cuil. à café de sucre de canne

❶ Coupez la chair de potiron en petits morceaux. Faites-les cuire à la vapeur pendant 5 à 10 minutes afin que le potiron soit bien tendre. Laissez refroidir. ❷ Écrasez la pulpe et mélangez-la avec la crème fraîche et l'œuf. Ajoutez le sucre de canne. ❸ Versez la préparation dans un ramequin beurré et mettez le ramequin dans le panier du cuit-vapeur. ❹ Faites cuire à la vapeur (sans pression) une vingtaine de minutes jusqu'à ce que le flan soit pris. Laissez refroidir. Servez tiède ou froid.

Patates douces au jambon

1 · 15 min · 30 min

100 g de patates douces • 100 ml de lait de croissance • 1 noisette de beurre • quelques gouttes de jus de citron • 30 g de jambon

❶ Pelez et lavez les patates douces, coupez-les en morceaux et faites-les cuire 30 minutes à l'eau bouillante. ❷ Passez-les au mixeur avec le jambon en incorporant le lait, le beurre et quelques gouttes de citron. ❸ Réchauffez dans une casserole et versez dans l'assiette de Bébé.

Porc grillé aux petits pois

1 · 20 min · 20 min

50 g de grillade de porc • 100 g de petits pois surgelés • 1 cuil. à soupe de lait demi-écrémé • sel

❶ Faites bouillir 25 cl d'eau légèrement salée. Versez les petits pois dans la casserole et faites-les cuire 15 minutes. ❷ Faites griller la viande au gril. ❸ Égouttez les petits pois. Mixez avec le lait. Servez cette purée avec un peu de porc découpé en tout petits morceaux.

Poulet vapeur, fenouil et tomate

1 | 15 min | 15 min

30 g de filet de poulet fermier • 1 bulbe de fenouil • 1 tomate • 1 cuil. à café d'huile d'olive

❶ Passez le cœur du fenouil sous l'eau avant de le couper en tout petits dés. Plongez la tomate dans de l'eau bouillante pendant 30 secondes, puis pelez-la, avant de la couper elle aussi en petits dés et de jeter ses pépins. ❷ Débarrassez le filet de poulet d'éventuels morceaux de gras ou de cartilage et émincez-le. ❸ Placez tous ces ingrédients dans le panier du cuit-vapeur. Mettez ½ litre d'eau dans le fond du cuit-vapeur, couvrez et portez à feu vif. Laissez cuire 10 à 15 minutes jusqu'à ce que les légumes soient tendres. ❹ Ajoutez l'huile d'olive au moment de servir, coupez le poulet en très petits morceaux ou mixez-le.

Endive au jambon et sirop d'érable

1 15 min 20 min

1 endive bien blanche • 1 cuil. à café de sirop d'érable • 30 g de jambon sans gras ni couenne • 1 noisette de beurre

❶ Passez rapidement l'endive sous l'eau, ne la laissez pas tremper. Coupez le pied et incisez dans la base en retirant un petit cône de chair à l'endroit où l'endive est plus coriace et amère. Faites bouillir de l'eau et plongez-y l'endive. Couvrez et laissez cuire une vingtaine de minutes jusqu'à ce qu'elle soit tendre à cœur. ❷ Égouttez longuement puis pressez délicatement l'endive, d'abord dans la passoire, puis dans un linge pour en extraire l'eau au maximum. ❸ Mixez le jambon. Coupez l'endive assez menu, mélangez-la au beurre et au sirop et parsemez de jambon.

Gratin de chou-fleur à la bolognaise

1 15 min 20 min

¼ de chou-fleur • 10 g de beurre • 10 g de farine • 12,5 cl de lait demi-écrémé • 35 g d'emmental râpé • 1 cuil. à café de moutarde • 1 jus d'½ citron • 50 g de bœuf haché • ½ oignon • 2 tomates • 1 filet d'huile d'olive • sel - poivre

❶ Faites cuire le chou-fleur 10 minutes à la vapeur. Préchauffez le four à 180 °C (th. 6). ❷ Préparez la sauce bolognaise : faites revenir les oignons émincés dans un filet d'huile, puis ajoutez la viande hachée. Ajoutez ensuite les tomates. Salez et poivrez. ❸ Préparez la sauce béchamel : faites fondre doucement le beurre dans une casserole. Versez la farine en remuant avec une cuillère en bois. Retirez la casserole du feu. Incorporez lentement le lait et battez pour obtenir un mélange onctueux. Remettez la casserole sur le feu jusqu'à ce que la sauce épaississe. ❹ Ajoutez la moitié du fromage, la moutarde, du sel, du poivre et le jus de citron. ❺ Dans un plat, déposez la sauce bolognaise, le chou-fleur puis recouvrez de sauce béchamel et parsemez le tout avec le reste du fromage râpé. Faites cuire 20 minutes au four.

Dés de poulet à l'espagnole

1 15 min 25 min

30 g de poulet • 1 cuil. à café d'huile d'olive • ½ oignon • ½ gousse d'ail • 1 tomate • ½ courgette • 25 g de champignons de Paris • 80 g de riz long bien cuit • 1 petite pincée de poivre

❶ Coupez le poulet en petits dés. Pelez et émincez l'ail et l'oignon. Pelez la tomate après l'avoir plongée dans de l'eau bouillante. Lavez, essuyez et émincez les champignons. Lavez et essuyez la demi-courgette, coupez-la en petits dés. ❷ Dans une poêle, faites chauffer l'huile d'olive. Faites-y dorer les petits dés de poulet préalablement poivrés. Lorsqu'ils sont cuits, réservez-les. ❸ Mettez dans la poêle l'oignon et l'ail émincés. Ajoutez la tomate pelée, la courgette, puis 10 cl d'eau, les champignons et laissez mijoter 10 à 15 minutes. ❹ Mixez les légumes et les champignons. Mélangez le riz bien cuit et les légumes mixés puis servez avec les dés de poulet.

Petit tajine aux pruneaux

1 15 min 1 h 15

30 g d'agneau • 1 cuil. à café de poudre d'amandes • 3 ou 4 pruneaux dénoyautés • ¼ d'oignon doux • 1 cuil. à café de raisins secs • huile d'olive

❶ Pelez et hachez l'oignon. Faites dorer la viande coupée en morceaux dans une casserole avec un peu d'huile. Réservez-la puis mettez à fondre à feu doux l'oignon haché dans cette même casserole. Laissez mijoter doucement pendant 10 minutes puis ajoutez la poudre d'amandes, mélangez bien et retirez du feu. ❷ Pendant ce temps, faites chauffer, dans une casserole sur feu vif, les pruneaux et les raisins recouverts d'eau. Retirez du feu dès ébullition. ❸ Dans la première casserole, remettez la viande avec les pruneaux et les raisins. Incorporez l'eau de cuisson des fruits et laissez cuire à feu très doux pendant environ 1 heure.

Fond d'artichaut gratiné, sauce au jambon

1 | 15 min | 30 min

1 fond d'artichaut surgelé • 30 g de jambon blanc • ½ pomme de terre • ½ petit-suisse • 10 g d'emmental râpé • noix muscade

❶ Faites cuire le fond d'artichaut à la vapeur dans l'autocuiseur 15 minutes. ❷ Épluchez la moitié d'1 pomme de terre et mettez-la à cuire dans de l'eau bouillante une dizaine de minutes jusqu'à ce qu'elle soit tendre à la pointe du couteau. ❸ Mélangez le jambon préalablement mixé et la pomme de terre écrasée avec la moitié d'1 petit-suisse et un peu de noix muscade râpée. ❹ Farcissez le fond d'artichaut de cette préparation et parsemez d'emmental râpé. Passez au four le temps de dorer légèrement.

Pizza potimarron-tomate-mozzarella

1 | 15 min | 20 min

¼ de pâte à pizza • 1 tranche de potimarron de 3 cm d'épaisseur environ • 2 tomates cerises • 1 mini boule de mozzarella • 1 feuille de basilic frais • 1 cuil. à café d'huile d'olive • 4 lardons fumés bien maigres • un peu de farine

❶ Farinez le plan de travail, étalez la pâte à pizza. Découpez-y un rond de 10 cm de diamètre environ. ❷ Faites chauffer le four à 250 °C (th. 9). Couvrez la plaque du four de papier cuisson et posez dessus le potimarron coupé en petits cubes, pulpe débarrassée des pépins. Enfournez 10 minutes jusqu'à ce que les cubes soient tendres à la pointe du couteau. Ôtez alors la fine peau et réduisez la pulpe en purée avec une fourchette. Mélangez-la avec l'huile d'olive. ❸ Tartinez la pâte à pizza de cette purée, couvrez de fines tranches de tomates cerises lavées. ❹ Terminez par des lichettes de mozzarella, les lardons et le basilic finement ciselé. Enfournez 10 minutes environ, la pizza doit être bien dorée.

Pomme de terre et veau haché, sauce à la crème aux herbes

1 · 15 min · 20 min

1 pomme de terre de taille moyenne • 30 g de veau haché • 1 cuil. à soupe de crème fraîche • 2 brins de persil • 2 brins de cerfeuil • 1 brin de ciboulette

❶ Lavez et brossez la pomme de terre, mais ne la pelez pas. Mettez-la dans une petite casserole d'eau, couvrez et portez à ébullition. Laissez cuire durant une vingtaine de minutes jusqu'à ce que la pomme de terre soit tendre à la pointe du couteau. Égouttez. ❷ Simultanément, faites cuire à feu très doux le veau haché mélangé à la crème et aux fines herbes finement ciselées. ❸ Épluchez la pomme de terre, puis écrasez-la avec le veau et la crème aux herbes.

Mousseline rapide de légumes verts

1 · 15 min · 20 min

1 pomme de terre • 50 g de petits pois surgelés • 70 g de haricots verts surgelés • 1 filet d'huile d'olive • 1 fromage frais

❶ Épluchez la pomme de terre et découpez-la en morceaux. Faites cuire à la vapeur pomme de terre, petits pois et haricots verts pendant 20 minutes environ. ❷ Après cuisson, conservez très peu d'eau et rajoutez un léger filet d'huile d'olive et le fromage frais. ❸ Mixez l'ensemble jusqu'à obtenir une préparation très onctueuse, voire crémeuse suivant la quantité d'eau utilisée.

Madame Tomate

1 | 5 min

30 g de thon au naturel • 1 tomate • 1 cuil. à café de mayonnaise

❶ Lavez la tomate. Coupez un chapeau au sommet. Videz le contenu de la tomate à l'aide d'une petite cuillère, retournez-la pour qu'elle rende son eau. ❷ Mélangez le thon au naturel avec la mayonnaise. ❸ Remplissez la tomate avec le mélange thon-mayonnaise. Refermez avec le chapeau. C'est prêt !

Houmous, tomates cerises et olives noires

1 15 min 1 h

3 cuil. à soupe de pois chiches cuits • 4 tomates cerises • 2 olives noires • 1 cuil. à café d'huile d'olive • 1 cuil. à café de jus de citron • 1 cuil. à soupe de yaourt

❶ Égouttez les pois chiches, enlevez soigneusement la peau épaisse qui les recouvre et qui est très indigeste. Puis mixez-les le plus finement possible avec le yaourt, le jus de citron et l'huile d'olive. ❷ Lorsque vous avez obtenu une purée lisse et homogène, étalez-la au fond de l'assiette de l'enfant et décorez avec de fines tranches de tomate cerise. ❸ Dénoyautez les olives, puis réduisez leur pulpe en purée. Laissez reposer au réfrigérateur une bonne heure.

Notre conseil : accompagnez ce houmous d'un peu de pain toasté.

Gnocchis sauce au bleu d'Auvergne

1 · 10 min · 10 min

60 g de gnocchis frais • 1 cuil. à café de bleu d'Auvergne (ou de gorgonzola) • 1 cuil. à soupe de yaourt • 1 brin de thym frais

❶ Remplissez d'eau une petite casserole et mettez-y le brin de thym frais préalablement lavé. Portez le tout à ébullition puis plongez les gnocchis, sans couvrir. Arrêtez la cuisson au bout de 2 minutes et égouttez les gnocchis dès qu'ils flottent tous à la surface. ❷ Dans cette même casserole, faites fondre, à petit feu, le bleu d'Auvergne, ou à défaut le gorgonzola, avec le yaourt. ❸ Coupez les gnocchis en petits morceaux et mélangez-les à la sauce.

Gnocchis à la Popeye

1 | 20 min | 30 min

125 g d'épinards • 1 grosse pomme de terre (150 g) • 50 g de farine • 1 cuil. à café d'huile

❶ Lavez, épluchez et coupez les pommes de terre en morceaux. Faites-les cuire à la vapeur pendant 20 minutes. ❷ Lavez les épinards et plongez-les dans de l'eau bouillante pendant 5 minutes. Égouttez-les, pressez-les puis hachez-les. ❸ Écrasez les pommes de terre à l'aide d'une fourchette, puis ajoutez la farine et les épinards hachés. Façonnez des bâtonnets puis coupez-les en petits cubes. Roulez ensuite ces cubes sur les dents d'une fourchette pour dessiner des stries. ❹ Roulez les gnocchis dans une fine couche de farine, puis plongez-les dans de l'eau bouillante. Lorsqu'ils remontent à la surface, récupérez-les à l'écumoire et passez-les quelques minutes dans une poêle avec l'huile.

Œuf gloubi-boulga

1 15 min 20 min

1 tomate • ¼ de tranche de jambon • 1 œuf • 40 g de riz nature déjà cuit • 1 petite pincée d'herbes de Provence • huile d'olive • sel

❶ Coupez la tomate en petits cubes et faites-la fondre dans de l'huile d'olive avec quelques herbes de Provence. Ajoutez le jambon coupé en petits dés. ❷ Cassez l'œuf sur le mélange et laissez cuire. Salez très légèrement. Retirez du feu quand l'œuf est cuit. ❸ Mettez le tout sur le riz nature. Juste avant de servir, découpez l'œuf au plat afin que le jaune, le blanc et les tomates se mélangent intimement au riz. Servez.

Omelette à l'estragon et dés de tomate

1 | 15 min | 5 min

1 tomate bien mûre • 1 œuf extra-frais • 1 cuil. à soupe de lait demi-écrémé • 2 feuilles d'estragon • 4 gouttes d'huile d'olive

❶ Pelez la tomate (plongez-la durant quelques secondes dans de l'eau bouillante après avoir incisé la peau d'une croix). Coupez la chair en dés, jetez les pépins. Mélangez à quelques gouttes d'huile d'olive. ❷ Ciselez finement l'estragon. Battez l'œuf avec le lait et 2 pincées d'estragon. ❸ Faites cuire dans une poêle antiadhésive jusqu'à ce que l'omelette soit bien cuite. Servez-la coupée en morceaux avec les dés de tomate à l'huile d'olive.

Omelette aux légumes gratinée

1 · 15 min · 18 min

½ courgette • ¼ de carotte • ¼ d'oignon • 1 tranche de bacon • ½ cuil. à café d'herbes de Provence • 1 œuf • 3 cl de lait • 3 cl de crème fraîche • 1 cuil. à café d'huile d'olive • 15 g de gruyère râpé

❶ Pelez et râpez le morceau de carotte. Pelez et hachez le quart d'oignon ; pelez, râpez et pressez la courgette pour la vider de son eau. ❷ Coupez ensuite le bacon en petits morceaux et rassemblez carotte râpée, courgette râpée, dés de bacon, oignon émincé et herbes de Provence dans un plat. ❸ Préparez l'omelette : dans un saladier, battez l'œuf avec le lait et la crème fraîche jusqu'à obtenir un mélange onctueux. Versez sur les légumes. Mélangez bien. ❹ Dans une poêle antiadhésive, faites revenir un peu d'huile à feu moyen, puis versez le mélange et laissez cuire à feu doux environ 10 à 15 minutes. L'omelette doit être dorée et cuite au centre. ❺ Pendant la cuisson, préchauffez le gril. Répartissez le gruyère râpé sur l'omelette cuite et placez-la à peu près 3 minutes sous le gril, le temps de gratiner.

Cheesecake

8 · 15 min · 55 min · 30 min

250 g de biscuits secs émiettés • 100 g de beurre fondu • 500 g de fromage blanc type faisselle • 120 g de sucre en poudre • 1 sachet de sucre vanillé • 2 cuil. à soupe de farine • 3 œufs • 12,5 cl de crème fraîche • 100 ml de lait de croissance • 1 pincée de cannelle en poudre

❶ Préchauffez le four à 180 °C (th. 6). Tapissez un moule à manqué de papier sulfurisé beurré. Laissez dépasser le papier de chaque côté du moule car il vous servira à démouler le gâteau. ❷ Passez les biscuits au mixeur pour obtenir une poudre, mélangez-les au beurre fondu, puis tapissez le fond du moule de cette préparation. Tassez bien à l'aide d'une petite cuillère. Faites cuire 5 minutes au four puis réservez. ❸ Dans un saladier, battez le fromage blanc puis ajoutez les sucres, la farine et la cannelle. Incorporez les œufs entiers un à un, puis la crème fraîche et le lait de croissance. ❹ Versez cette préparation sur le fond de biscuits et enfournez 45 à 50 minutes jusqu'à ce que le gâteau soit ferme. Laissez refroidir avant de démouler et servez frais.

Douceur au chocolat

4 15 min 12 min

100 g de chocolat dessert • 50 g de mascarpone • 5-6 biscuits type macarons • 2 petits œufs • 35 g de farine • 15 g de sucre en poudre • 100 ml de lait de croissance

❶ Préchauffez le four à 190 °C (th. 6-7). Faites fondre le chocolat au micro-ondes ou au bain-marie puis ajoutez le mascarpone. Mélangez bien. ❷ Incorporez la farine, les œufs, le sucre et mélangez. ❸ Trempez les biscuits dans le lait, écrasez-les et déposez-les au fond d'un moule préalablement beurré. ❹ Versez la préparation dessus et faites cuire pendant 12 minutes.

Flan à l'ananas

4 à 6 · 20 min · 45 min

1 pâte brisée • 4 œufs • 1 l de lait de croissance • 90 g de sucre en poudre • 90 g de fécule de maïs • ½ ananas • 1 gousse de vanille

❶ Préchauffez le four à 180 °C (th. 6). Faites bouillir le lait de croissance avec la gousse de vanille fendue dans le sens de la longueur. ❷ Mélangez la fécule de maïs avec le sucre et incorporez les œufs préalablement battus. Ôtez la gousse de vanille puis ajoutez le lait de croissance à la préparation. ❸ Récupérez la chair de l'ananas, mixez-la et incorporez-la au mélange précédent. Versez dans une grande casserole. Faites cuire à feu doux pendant 1 à 2 minutes. ❹ Étalez la pâte brisée dans un plat à tarte et versez dessus la préparation. Enfournez pour 30 à 40 minutes. Laissez refroidir avant de servir.

Galette des rois

1 · 20 min · 20 min

2 pâtes feuilletées prêtes à dérouler • 75 g de beurre ramolli • 125 g de sucre en poudre • 125 g de poudre d'amandes • 2 œufs + 1 jaune • 1 cuil. à café de lait • 1 fève ou 1 figurine (bien grosse)

❶ Préparez la crème frangipane : mélangez le beurre, le sucre, ajoutez la poudre d'amandes et les œufs, battez jusqu'à obtention d'une crème épaisse et homogène. ❷ Beurrez un moule à tarte, déroulez-y une des pâtes feuilletées en la laissant dépasser hors du moule et en la piquant avec une fourchette. ❸ Étalez la crème frangipane dans le moule en prenant soin de bien cacher la fève à l'intérieur. ❹ Préchauffez le four à 220 °C (th. 7-8). Découpez un disque du diamètre du moule dans la deuxième pâte feuilletée et recouvrez la tarte. Rabattez les bords de la première pâte sur le dessus afin que la galette soit bien refermée. Piquez le dessus de la galette à 2 ou 3 endroits avec un couteau. Faites de jolis décors avec le reste de pâte. ❺ Battez le jaune d'œuf avec le lait et badigeonnez-en la galette à l'aide d'un pinceau de cuisine. ❻ Enfournez pour 20 minutes environ. Servez tiède. N'oubliez pas la couronne !

Îles flottantes

4 · 15 min · 20 min

4 œufs • 50 cl de lait demi-écrémé • 100 g de sucre en poudre • 1 sachet de sucre vanillé • 1 pincée de sel • caramel liquide

❶ Dans une casserole, faites bouillir le lait avec le sucre vanillé, puis réservez-le. ❷ Séparez les blancs des jaunes d'œufs. Dans un saladier, fouettez les jaunes d'œufs avec la totalité du sucre jusqu'à ce que la préparation mousse légèrement et blanchisse. ❸ Ajoutez alors petit à petit le lait bouillant. Reversez le tout dans la casserole et laissez épaissir à feu très doux, sans cesser de remuer avec une cuillère en bois et en évitant l'ébullition (sinon la crème tourne). Il faut que la crème nappe la cuillère. Ôtez du feu et laissez refroidir. ❹ Dans une grande casserole, portez de l'eau à frémissement. ❺ Pendant ce temps, fouettez les blancs d'œufs avec le sel en neige très ferme. Déposez ensuite des boules de blancs en neige dans l'eau frémissante à l'aide d'une passoire. Attention, attendez juste quelques secondes, puis tournez-les pour qu'ils cuisent de l'autre côté (l'opération ne doit pas durer plus de 10 secondes en tout !). ❻ Égouttez-les bien dans une passoire, et réservez-les, puis renouvelez l'opération jusqu'à épuisement des blancs. ❼ Juste avant de servir, quand la crème est bien froide, versez-la dans un plat creux, posez délicatement les blancs en neige par-dessus. Vous pouvez verser par-dessus du caramel liquide, c'est un régal !

Pancakes au sirop d'érable

Pour 8 pancakes 15 min 1 h 20 min

250 g de farine • 30 g de sucre • 2 œufs • 1 sachet de levure traditionnelle • 65 g de beurre • 1 pincée de sel • 300 ml de lait de croissance • sirop d'érable • huile de tournesol

❶ Mélangez la farine, la levure et le sucre dans un saladier. Incorporez ensuite les œufs entiers, puis le beurre fondu, et délayez progressivement le mélange avec le lait afin d'éviter les grumeaux. ❷ Laissez reposer au minimum 1 heure au réfrigérateur. ❸ Faites chauffer une poêle préalablement huilée à l'aide de papier absorbant. Versez-y une petite louche de pâte sans étaler. Retournez le pancake pour cuire le second côté. ❹ Servez un pancake tiède, coupé en petits morceaux et arrosé d'un filet de sirop d'érable à votre enfant.

Notre conseil : utilisez plusieurs poêles à blinis pour aller plus vite.

Mini mont-blanc

1 · 20 min · 55 min

4 grosses châtaignes • 250 ml de lait • 1 cuil. à soupe bombée de faisselle • 1 cuil. à café de sucre vanillé

❶ Incisez les châtaignes côté bombé à l'aide d'un couteau bien tranchant et fendez l'écorce horizontalement. Faites bouillir les châtaignes 10 minutes dans l'eau, puis égouttez-les. Ôtez l'écorce. ❷ Mettez à cuire les châtaignes dans le lait, comptez 45 minutes à petits bouillons. Égouttez-les, puis passez-les au moulin à légumes muni d'une grille fine, laissez refroidir. ❸ Mélangez la purée de châtaignes avec la faisselle et le sucre vanillé. Passez une nouvelle fois au moulin à légumes et servez.

Notre conseil : côté saveur, rien ne vaut des châtaignes fraîches, mais on peut réaliser ce dessert plus rapidement avec des châtaignes surgelées : il n'y a qu'à les faire cuire.

Muffins aux châtaignes

Pour 6 muffins 15 min 20 min

150 g de farine • 1 œuf • 10 cl de lait • 60 g de beurre fondu • 100 g de sucre en poudre • ½ sachet de levure chimique • 50 g de châtaignes cuites et épluchées

❶ Préchauffez le four à 180 °C (th. 6). Fouettez l'œuf et le lait. Ajoutez la farine, la levure, le sucre en poudre et mélangez bien. Incorporez le beurre fondu et mélangez à nouveau. ❷ Incorporez les châtaignes coupées en petits morceaux et versez la préparation dans des moules à muffins. Remplissez les moules aux ¾ environ. ❸ Faites cuire 20 minutes au four. Attendez 5 minutes avant de démouler les muffins et de les déposer sur une grille.

Pudding à la vanille

4 15 min 20 min

2 tranches de pain de mie • 2 œufs • 30 cl de lait demi-écrémé • 1 cuil. à soupe de sucre vanillé • 2 noisettes de beurre doux

❶ Beurrez très légèrement les tranches de pain de mie après avoir ôté la croûte. Coupez-les en petits carrés et répartissez-les dans 4 ramequins préalablement beurrés. ❷ Faites chauffer le four à 180 °C (th. 6). Battez au fouet le lait avec les œufs et le sucre vanillé. ❸ Répartissez cette préparation dans les ramequins, sur le pain. Faites cuire environ 20 minutes au bain-marie jusqu'à ce que le pudding soit pris. Servez tiède ou frais.

Riz au lait et coulis de framboises

2 15 min 25 min 30 min

2 cuil. à soupe bombées de riz rond • 30 cl de lait • ½ cuil. à café de sucre de canne • 1 cuil. à café d'eau de fleur d'oranger • 20 framboises bien mûres

❶ Faites cuire à feu très doux le riz, après avoir pris soin de le rincer, avec le sucre de canne et le lait. Couvrez, attendez que le riz ait absorbé tout le lait, laissez refroidir avant d'ajouter l'eau de fleur d'oranger. ❷ Passez très rapidement les framboises sous l'eau, égouttez puis séchez-les entre deux papiers absorbants avant de les mixer en purée. ❸ Passez la purée obtenue au chinois ou à la passoire fine pour obtenir un coulis débarrassé de ses petits grains. ❹ Mettez riz au lait et coulis au frais pendant 30 minutes.

Soupe aux pois cassés

1 · 15 min · 1 h 40 min

30 g de pois cassés • 40 g de carotte • 30 g de poireau • persil haché

❶ Lavez puis triez les pois cassés. Mettez-les dans une casserole d'eau et faites cuire 1 heure. ❷ Pelez la carotte et coupez-la en rondelles. Nettoyez le poireau et coupez-le en julienne. ❸ Ajoutez les légumes et le persil au potage. Faites cuire 40 minutes. ❹ Passez au mixeur et disposez dans l'assiette.

Avocat aux crevettes

1 · 15 min

10 crevettes roses décortiquées • ½ avocat bien mûr • ½ citron • 1 cuil. à café de jus de citron • 1 cuil. à café de crème fraîche • 1 cuil. à soupe de ketchup

❶ Émincez le citron en très fines tranches. Coupez chaque tranche en deux et enlevez les pépins. ❷ Pelez l'avocat. Réduisez la chair en purée. Mélangez à la chair de l'avocat, le jus de citron et la crème fraîche en battant à la fourchette. ❸ Placez cette purée sur une assiette en lui donnant une forme ronde. ❹ Entourez la purée d'un cordon de ketchup. ❺ Disposez les crevettes et les tranches de citron dans la purée d'avocat.

Beignets de légumes

2 · 30 min · 35 min

2 carottes • 1 courgette • 1 pomme de terre • 4 bouquets de chou-fleur • 1 œuf • 50 g de farine • 60 g de fromage râpé • 4 cuil. à soupe d'huile • sel

❶ Pelez les carottes et la pomme de terre. Lavez-les ainsi que la courgette. Coupez-les en morceaux. Faites cuire tous les légumes à la vapeur pendant 20 minutes. ❷ Écrasez-les avec environ 50 g de fromage râpé et un peu de sel. ❸ Dans un bol, battez l'œuf avec le reste de fromage. Mettez la farine dans une assiette creuse. ❹ Formez des boulettes de légumes et aplatissez-les entre les mains. Enrobez-les de farine et trempez-les dans l'œuf battu. ❺ Faites-les cuire dans une poêle très chaude avec l'huile.

Porc aux carottes

1 15 min 25 min

50 g de filet de porc • 1 œuf • 1 cuil. à café de farine • 1 cuil. à soupe de riz • 2 carottes • 15 feuilles d'épinards • 20 g de beurre

❶ Épluchez les carottes. Coupez-en de fines lamelles avec un couteau Économe afin de réaliser des rubans. Faites-les cuire 5 minutes à la vapeur. ❷ Faites cuire le riz à petits bouillons pendant 15 minutes. ❸ Mixez le filet de porc. ❹ Lavez et hachez les feuilles d'épinards. ❺ Égouttez le riz puis mélangez-le avec la viande, les épinards et l'œuf entier. ❻ Faites 2 boulettes avec cette préparation, roulez-les dans la farine et faites-les cuire à la poêle avec le beurre pendant 5 minutes. Servez au milieu de la couronne de carottes.

Tomate surprise au saumon

1 | 10 min | 5 min

50 g de saumon épluché • 1 tomate • ½ citron • 1 jaune d'œuf • 1 cuil. à café d'huile • 5 feuilles de laitue • 1 cuil. à soupe de persil haché

❶ Faites cuire 5 minutes à la vapeur le saumon, puis écrasez-le à la fourchette. Coupez la tomate en deux. Évidez les deux moitiés et conservez la pulpe. ❷ Préparez une sauce en mélangeant le jus de citron, le jaune d'œuf et l'huile. ❸ Mélangez le saumon à cette sauce. ❹ Remplissez les moitiés de tomate avec cette préparation et saupoudrez de persil haché. ❺ Écrasez la pulpe des tomates à l'aide d'une fourchette. Ciselez les feuilles de laitue en fines lanières. ❻ Entourez les tomates farcies au saumon de laitue et de pulpe de tomate.

Filet d'aiglefin en gratin

1 — 15 min — 20 min

30 g de filet d'aiglefin • 100 g de fromage blanc • 1 noisette de beurre • 1 jaune d'œuf • 15 g de gruyère râpé • noix de muscade

❶ Préchauffez le four à 210 °C (th. 7). Battez le fromage blanc avec le jaune d'œuf, le gruyère et de la noix de muscade. ❷ Montez le blanc d'œuf en neige et incorporez-le au mélange. ❸ Dans un plat à soufflé beurré, disposez la moitié de la préparation, déposez le filet de poisson et recouvrez avec le reste de préparation. ❹ Faites cuire à four chaud pendant 15 minutes. Servez modérément chaud.

Gratin de poisson

1 · 15 min · 20 min

40 g de riz cuit • 30 g de filet de poisson : cabillaud, merlan, lieu, limande, sole, flétan, rouget ou merlu • 4 bouquets de brocoli • 2 cuil. à soupe de sauce tomate • 1 cuil. à soupe de béchamel prête à l'emploi • 20 g de fromage râpé • 15 g de beurre

❶ Préchauffez le four à 180 °C (th. 6). Incorporez la sauce tomate au riz. Mélangez. ❷ Faites cuire le brocoli dans 250 ml d'eau bouillante pendant 5 minutes. Égouttez. ❸ Étalez la moitié du riz dans un plat à gratin beurré. Posez dessus le brocoli, le filet de poisson. Recouvrez avec le riz restant et la béchamel. ❹ Parsemez de fromage râpé. Ajoutez des noisettes de beurre. ❺ Faites cuire au four 15 minutes environ.

Notre conseil : vous pouvez aussi remplacer les brocolis par des épinards, des carottes ou encore des petits pois.

Filet de bœuf au miel

1 15 min 40 min

30 g de filet de bœuf • 1 cuil. à soupe de miel • ½ oignon • ½ gousse d'ail • 1 branche de persil plat • 1 cuil. à café d'huile de tournesol

❶ Coupez le bœuf en petits morceaux et faites-le dorer dans l'huile avec l'oignon finement haché. Ajoutez l'ail finement haché. Ajoutez 10 cl d'eau afin de récupérer tous les sucs de cuisson. Laissez mijoter 30 à 35 minutes. ❷ Ajoutez le miel et le persil finement haché. Mélangez délicatement, ajoutez de l'eau si besoin. Laissez encore cuire 2 à 3 minutes.

Notre conseil : servez ce plat avec une portion de riz bien cuit.

Lapin à la purée de petits pois

1 | 15 min | 20 min

100 g de chair de lapin désossé • 1 cuil. à soupe de mie de pain • 2 cuil. à soupe de lait • 1 cuil. à soupe de crème fraîche • 1 œuf • 1 carotte • 200 g de petits pois cuits • 1 cuil. à café de farine • 1 olive dénoyautée • 20 g de beurre • quelques brins de persil

❶ Faites tremper la mie de pain dans 1 cuillerée à soupe de lait. Hachez la chair de lapin. Épluchez la carotte. Faites-la cuire 5 minutes à la vapeur et écrasez-la en purée. ❷ Mélangez le lapin, la carotte, la mie de pain, l'œuf entier pour obtenir une farce homogène ; séparez-la en deux parties. ❸ Donnez à l'une une forme ovale qui fera le corps du lapin pour la présentation du plat et farinez-la. Faites des yeux avec deux moitiés d'olive. Faites une moustache avec les branches de persil. Faites deux oreilles avec le reste de la farce et placez-les au-dessus de la tête en les farinant. ❹ Préchauffez le four à 150 °C (th. 5). Déposez le lapin reconstitué sur un plat allant au four. Arrosez de beurre fondu et mettez au four 10 minutes. ❺ Faites une purée de petits pois en les mixant avec le reste de lait et disposez-la autour du lapin.

Papillote de veau

1 10 min 15 min

1 escalope de veau de 80 g • 10 g de beurre • 1 cuil. à café de fines herbes hachées • 1 tranche de fromage Kiri® • huile

❶ Dans une poêle à feu doux, faites cuire dans le beurre l'escalope sur les deux faces pendant 5 minutes. ❷ Égouttez le beurre de cuisson et coupez l'escalope en minces lamelles. ❸ Préchauffez le four à 210 °C (th. 7). Huilez un morceau rectangulaire de papier d'aluminium. Déposez les lamelles de veau au milieu du papier. Placez des fines herbes hachées et le morceau de fromage. ❹ Enfermez la préparation en papillote et mettez au four pendant 10 minutes. ❺ Sortez du four, laissez refroidir un peu avant de servir.

Brochettes de bœuf au gruyère

1 · 8 min · 5 min

30 g de viande de bœuf • 20 g de comté

❶ Coupez la viande en tranches très fines. Coupez le fromage en bâtonnets. ❷ Piquez le fromage au bout de piques en bois. Enveloppez-les d'une tranche de viande. ❸ Faites-les griller 5 minutes sous le gril du four, en les retournant à mi-cuisson. Servez aussitôt.

Notre conseil : vous pouvez accompagner ces brochettes de riz.

Champignons aux œufs

1 · 10 min · 20 min

1 œuf • 1 noisette de beurre • 50 g de champignons • 100 ml de lait

❶ Préchauffez le four à 180 °C (th. 6). Nettoyez soigneusement les champignons. Faites-les suer dans une poêle puis hachez-les. ❷ Battez l'œuf en omelette. ❸ Ajoutez les champignons et le lait. ❹ Versez dans un ramequin légèrement beurré. Faites cuire 20 minutes au four au bain-marie.

Épinards à la crème

1 · 15 min · 25 min

180 g d'épinards • 2 cuil. à soupe de crème • 1 citron • noix de muscade

❶ Épluchez et lavez les épinards. Faites-les cuire à la vapeur 20 minutes. Hachez-les. ❷ Ajoutez une pincée de noix de muscade et quelques gouttes de jus de citron. ❸ Remettez à cuire en incorporant doucement la crème. ❹ Retirez du feu dès les premiers bouillons.

Haché de veau et riz aux épinards

1 15 min 20 min

40 g d'escalope de veau • 1 poignée d'épinards • 1 cuil. à soupe bombée de riz blanc • 1 pincée de parmesan • 1 cuil. à café de crème fraîche

❶ Lavez soigneusement chaque feuille d'épinard, puis ôtez les queues. ❷ Faites bouillir une petite casserole d'eau. À ébullition, plongez le riz et laissez cuire durant 15 minutes, jusqu'à ce qu'il soit très tendre. Égouttez bien. ❸ Simultanément, faites bouillir une autre casserole d'eau et plongez-y les épinards et l'escalope de veau. Laissez cuire 5 minutes, puis égouttez soigneusement. ❹ Hachez ou coupez le morceau de veau en très petits morceaux ; hachez ou coupez menu les épinards ; écrasez ou mixez le riz. ❺ Mélangez le veau au parmesan, le riz aux épinards et ajoutez la crème. Servez ensemble.

Courgette farcie

1 · 10 min · 50 min

1 courgette • 30 g de viande hachée • 10 g de beurre • 1 pincée de paprika

❶ Préchauffez le four à 210 °C (th. 7). Beurrez un petit plat à four. ❷ Lavez et coupez la courgette dans le sens de la longueur. Enlevez la chair. ❸ Mélangez dans un bol la chair de courgette, la viande hachée et le paprika afin d'obtenir une farce homogène. ❹ Farcissez la courgette évidée, puis déposez-la dans le plat à four. ❺ Faites cuire 50 minutes au four.

Gratin de blé et purée de légumes

1 | 10 min | 10 min

100 g de blé déjà cuit • 100 g de purée de légumes au choix : brocolis, épinards, carottes, choux-fleurs… • 2 cuil. à soupe de lait de croissance • 1 cuil. à soupe de fromage blanc à 20 % • 1 cuil. à soupe de pétales de maïs (type corn flakes) • 1 cuil. à soupe de persil haché • 5 g de beurre

❶ Préchauffez le four à 180 °C (th. 6). Beurrez un plat allant au four. ❷ Intercalez couches de blé et couches de purée de légumes. ❸ Nappez de fromage blanc battu avec le lait. ❹ Parsemez de la moitié du persil. Saupoudrez le tout des pétales de maïs réduits en chapelure et mélangés au reste de persil. Répartissez sur le dessus quelques copeaux de beurre. ❺ Faites dorer pendant 10 minutes au four.

Notre conseil : vous pouvez aussi remplacer la semoule de blé par des graines de couscous, des pommes de terre ou bien des petites pâtes.

Petite omelette aux pointes d'asperges

1 | 10 min | 15 min

1 œuf extra-frais • 5 asperges vertes • 1 feuille de basilic • 1 goutte de jus de citron • 1 goutte d'huile

❶ Lavez les asperges et épluchez 2 cm de tige en partant de la pointe. Faites bouillir une petite casserole d'eau, plongez-y les pointes d'asperge et laissez frémir environ 8 minutes jusqu'à ce que la tige soit bien tendre à la pointe du couteau. Égouttez. ❷ Lavez la feuille de basilic et hachez-la très finement au couteau. ❸ Battez l'œuf en omelette et versez-le dans une petite poêle à revêtement antiadhésif, que vous aurez légèrement huilée à l'aide d'un papier absorbant imbibé d'huile. ❹ Lorsque l'omelette est presque cuite, parsemez-la de basilic et ajoutez les pointes d'asperges écrasées à la fourchette. ❺ Repliez l'omelette et ajoutez 1 goutte de jus de citron. Servez-la coupée en petits morceaux.

Galette de pomme de terre, jambon et mozzarella

1 | 15 min | 30 min

1 cuil. à café de farine • 1 grosse pomme de terre • 1 cuil. à café d'huile d'olive • 1 petit oignon blanc frais • 15 g de jambon maigre • 15 g de mozzarella • 1 pincée d'origan

❶ Plongez la tomate 30 secondes dans de l'eau bouillante, puis pelez-la, coupez-la en morceaux et ôtez les pépins. Détaillez la pulpe en petits dés, mettez-les à cuire pendant 10 minutes dans une casserole couverte à feu doux, avec l'oignon épluché et finement haché, l'huile d'olive et l'origan. ❷ Lavez la pomme de terre et faites-la cuire à la vapeur une vingtaine de minutes jusqu'à ce qu'elle soit tendre à cœur. Épluchez-la et écrasez-la en purée en mélangeant avec la farine. ❸ Préchauffez le four à 250 °C (th. 9). Sur la plaque du four, posez une feuille de papier cuisson. Faites une galette assez fine avec la pomme de terre, un peu comme s'il s'agissait d'une pâte à pizza. ❹ Couvrez avec la tomate cuite et son jus de cuisson, ajoutez le jambon et la mozzarella coupés en très petits morceaux. Passez à four chaud une petite dizaine de minutes. Servez tiède.

Galettes aux légumes

1 | 15 min | 20 min

1 cuil. à café de fécule de pomme de terre • 2 cuil. à soupe de lait • 1 tronçon de courgette de 7 cm environ, la partie vert clair d'un poireau ou 200 g d'épinards crus • huile

❶ Dans un saladier, délayez la fécule avec le lait. Ajoutez le légume de votre choix, lavé, émincé ou râpé. ❷ Déposez au centre d'une poêle légèrement huilée des petits tas de cette préparation. Aplatissez-les avec le dos d'une cuillère. ❸ Laissez cuire 4 minutes environ de chaque côté en les retournant avec une spatule.

Notre conseil : équeutez les épinards après leur lavage, ils conserveront ainsi toute leur saveur et ne se gorgeront pas d'eau terreuse.

Pâtes à la crème, oignon blanc et romarin

1 | 10 min | 15 min

50 g de petites pâtes • 1 oignon blanc avec sa tige verte • 3 feuilles de romarin bien tendres • 1 cuil. à soupe de crème fraîche

❶ Pelez et émincez l'oignon. Pilez les feuilles de romarin. Faites chauffer doucement la crème dans une casserole et ajoutez les feuilles de romarin. Laissez infuser. ❷ Lavez et émincez finement l'oignon et sa tige verte. ❸ Mettez une petite casserole d'eau à bouillir et plongez-y les pâtes ainsi que l'oignon émincé. Ne couvrez pas et laissez cuire le temps indiqué sur le paquet de pâtes, puis égouttez. ❹ Mélangez les pâtes et l'oignon à la crème au romarin et servez.

Gâteau de légumes au poulet

2 | 10 min | 15 min

60 g de blanc de poulet • 1 tronçon de courgette de 10 cm environ • 2 pommes de terre • 10 tomates cerise • 6 champignons de Paris • 1 œuf • 2 cuil. à soupe de crème fraîche • 40 g de fromage râpé • 2 cuil. à soupe de cerfeuil ciselé • 10 g de beurre

❶ Préchauffez le four à 180 °C (th. 6). Lavez et pelez la pomme de terre, puis râpez-la. Lavez et coupez les champignons en deux. Coupez la courgette en rondelles. ❷ Dans un saladier, battez l'œuf, incorporez la crème, le poulet haché, le fromage, le râpé de pomme de terre et le cerfeuil. Mélangez. ❸ Versez cette préparation dans un moule à tarte individuel beurré. ❹ Disposez par-dessus les courgettes, les champignons et les tomates cerise. ❺ Faites cuire au four pendant 15 minutes environ.

Sandwich tomate-mozzarella

1 10 min

1 tranche de pain de mie moelleux • 1 tranche fine de mozzarella • 1 tomate • 1 filet d'huile d'olive

❶ Plongez la tomate dans de l'eau bouillante. Quand la peau commence à se décoller, placez la tomate dans de l'eau froide. Pelez-la et coupez-la en tranches fines. ❷ Réservez 1 tranche et faites revenir le reste dans l'huile d'olive. Lorsque la tomate est cuite, écrasez-la à la fourchette. ❸ Coupez la tranche de pain de mie en 2 dans la diagonale. Nappez les 2 parties de purée de tomate. Déposez la tranche de tomate et la tranche de mozzarella sur un morceau de pain de mie et recouvrez du second morceau.

Tartelettes aux épinards

Pour 4 tartelettes 15 min 30 min

125 g de pâte brisée • 200 g d'épinards • 20 g de beurre • 2 œufs • 2 cuil. à soupe de crème fraîche

❶ Préchauffez le four à 210 °C (th. 7). Lavez les épinards, faites-les blanchir 1 à 2 minutes dans de l'eau bouillante. Égouttez-les, hachez-les. Faites-les revenir dans une poêle avec le beurre pendant 5 minutes. ❷ Dans un bol, battez les œufs et les trois quarts de la crème fraîche. Ajoutez les épinards hachés. ❸ Foncez les moules à tartelette de pâte brisée, piquez le fond, versez la préparation aux épinards. ❹ Faites cuire au four pendant 25 minutes. ❺ Déposez un peu de crème fraîche en forme de sourire sur les tartelettes.

Notre conseil : vous pouvez également saupoudrer ces tartelettes de fromage râpé et faire gratiner légèrement.

Clafoutis aux tomates cerise

4 · 15 min · 30 à 35 min

4 œufs • 300 ml de lait demi-écrémé • 3 cuil. à soupe légèrement bombées de farine • 50 g d'emmental râpé • 200 g de tomates cerise • 1 cuil. à café d'herbes de Provence déshydratées

❶ Préchauffez le four à 190 °C (th. 6/7). Mélangez ensemble tous les ingrédients. ❷ Versez dans un moule à bord haut. ❸ Faites cuire au four pendant 30 à 35 minutes.

Bon à savoir : l'apport en protéines du repas est en partie assuré par les œufs, le lait et le fromage de ce plat.

Tartelettes au thon et à la ratatouille

3 · 10 min · 6 à 7 min

50 g de pâte brisée • 1 cuil. à soupe de thon au naturel • 2 cuil. à soupe de ratatouille en boîte • 1 cuil. à café de crème fraîche

❶ Préchauffez le four à 190 °C (th. 6/7). Foncez de pâte brisée trois moules à tartelette de forme allongée. Piquez le fond des tartelettes à l'aide d'une fourchette. ❷ Faites cuire à blanc 5 minutes. ❸ Au sortir du four, répartissez le thon émietté sur la pâte et recouvrez de ratatouille. Déposez au centre une noisette de crème fraîche. ❹ Repassez au four 1 à 2 minutes. Servez.

Milk-shake abricot, pêche, pistache

4 · 10 min

8 abricots • 2 pêches • 4 boules de glace à la pistache • 200 ml de lait demi-écrémé • 1 cuil. à soupe de pistaches

❶ Lavez, dénoyautez les abricots et les pêches. ❷ Passez les fruits au mixeur avec le lait. ❸ Ajoutez la glace à la pistache et mixez à nouveau. ❹ Servez le milk-shake sans attendre, dans de grands verres avec de grosses pailles. Pour les plus grands, saupoudrez le dessus de pistaches concassées.

Notre conseil : décorez les verres d'une boule de glace et de quelques tranches d'abricot ou de pêche.

Yaourt glacé aux fruits

4 · 10 min · 3 h

3 yaourts entiers nature • 1 jaune d'œuf • 1 sachet de sucre vanillé • 1 cuil. à café de jus de citron • 250 g de fruits de saison : pêches, abricots, melon, prunes… • 20 g d'étoiles en chocolat

❶ Mettez les yaourts dans un récipient. Ajoutez le jaune d'œuf, le sucre vanillé et le jus de citron. Mélangez à l'aide d'un fouet. ❷ Mixez 100 g de fruits de votre choix. Incorporez-les au yaourt battu. ❸ Versez la préparation dans un récipient. ❹ Placez-le au congélateur. Laissez prendre 3 heures environ. ❺ Répartissez le reste de fruits coupés en petits morceaux dans des coupes et posez dessus une boule de glace au yaourt. Saupoudrez d'étoiles en chocolat. Servez.

Notre conseil : nappez le yaourt glacé d'un coulis de fruits et remplacez les étoiles par des pépites ou des vermicelles en chocolat.

Crumbles pomme-poire

Pour 4 crumbles 15 min 15 min

200 g de pommes • 200 g de poires • 40 g de sucre • 40 g de farine • 40 g de beurre + 5 g pour beurrer les plats • quelques gouttes d'essence de vanille

❶ Préchauffez le four à 210 °C (th. 7). Mélangez la farine, le beurre, le sucre et la vanille jusqu'à ce que la pâte ressemble à du sable. ❷ Lavez, pelez et épépinez les fruits, puis coupez-les en dés. ❸ Beurrez 4 petits plats à four, disposez les fruits, puis recouvrez de pâte à crumble. Mettez à cuire une quinzaine de minutes. Servez tiède.

Petites crêpes à l'ananas

Pour 4 crêpes 15 min 2 h 15 min

125 g de farine • 25 cl de lait • 1 œuf • 1 cuil. à café d'huile de tournesol • ¼ d'ananas Victoria bien sucré • 10 g de beurre • sucre de canne

❶ Battez farine, œuf et huile, puis versez peu à peu le lait. Continuez de battre au fouet jusqu'à disparition des grumeaux. Laissez la pâte reposer 2 heures à température ambiante. ❷ Faites cuire 10 minutes à la vapeur l'ananas coupé en petits morceaux après avoir enlevé sa peau. ❸ Dans une petite poêle antiadhésive (ou une crêpière) chauffée à feu vif, faites fondre du beurre et versez aussitôt une petite louche de pâte préalablement fouettée pour qu'elle soit homogène. Laissez cuire une face, puis retournez. Sucrez et ajoutez quelques morceaux d'ananas. Laissez cuire encore un peu, puis roulez la crêpe. ❹ Renouvelez l'opération jusqu'à épuisement des ingrédients. Servez à l'enfant 1 crêpe coupée en petits morceaux.

Pêches Melba

1 · 10 min · 10 min

½ pêche jaune • 1 boule de glace à la vanille • 1 cuil. à café de coulis de fruits rouges • 1 citron

❶ Pelez la pêche avec la pointe d'un couteau. ❷ Dans une casserole, versez 500 ml d'eau et le jus du citron. ❸ Placez la pêche dans le liquide. Laissez cuire 10 minutes environ. Égouttez-la et laissez refroidir. ❹ Versez le coulis sur le fond d'une assiette. Placez la pêche sur l'assiette, posez la boule de glace dessus. ❺ Servez aussitôt.

Notre conseil : vous pouvez réaliser de la même façon des abricots Melba, varier le parfum du coulis de fruit, napper le fond de l'assiette de chocolat fondu…

Rochers orange-pomme

Pour 12 rochers environ 10 min 12 min

150 g de farine à gâteau • 60 g de beurre • 1 pomme • 30 g d'abricots secs • 1 orange non traitée • 40 g de sucre roux • 1 œuf • 1 cuil. à soupe de lait

❶ Préchauffez le four à 180 °C (th. 6). Épluchez la pomme et râpez-la. Prélevez le zeste de l'orange avec un couteau Économe et râpez-le. Coupez finement les abricots. ❷ Dans un récipient, versez la farine. Incorporez le beurre du bout des doigts, la pomme râpée, les abricots et le zeste d'orange. ❸ Réservez 1 cuillerée à soupe de sucre et ajoutez le reste au mélange. ❹ Enfin, incorporez l'œuf battu et le lait. Mélangez bien. ❺ Avec une cuillère, déposez la pâte en petits tas sur une plaque à pâtisserie recouverte d'une feuille de papier sulfurisée. Saupoudrez-les avec le reste de sucre. ❻ Faites cuire 12 minutes. Servez tiède ou froid.

Notre conseil : vous pouvez proposer, en accompagnement, une pomme coupée en tranches.

Tarte aux nectarines

Pour 4 tartelettes 15 min 10 min

250 g de pâte sablée prête à l'emploi • 4 nectarines mûres • 4 cuil. à soupe de coulis d'abricot • 1 cuil. à soupe d'amandes effilées • 1 citron • farine • crème Chantilly

❶ Préchauffez le four à 190 °C (th. 6-7). Lavez et essuyez les nectarines. Dénoyautez-les et coupez-les en tranches. Arrosez-les avec un filet de jus de citron. ❷ Étalez la pâte sablée sur un plan de travail légèrement fariné. Découpez quatre fois la forme d'un soleil. Placez-les sur une plaque à pâtisserie recouverte d'une feuille de papier sulfurisé. Piquez le dessus de la pâte avec les dents d'une fourchette. Faites cuire pendant 10 minutes. ❸ Faites griller les amandes dans une poêle. ❹ Sortez les tartes du four. Étalez le coulis. Posez dessus les tranches de nectarine. Parsemez-les d'amandes effilées. ❺ Dessinez les yeux et la bouche avec un peu de chantilly. Servez aussitôt.

Tarte aux fraises, sauce aux pommes

4 · 15 min · 15 min · 3 h

1 rouleau de pâte brisée • 15 g de fécule de maïs • 25 g de sucre • 25 cl de jus de pomme • 2 cuil. à soupe de jus de citron • 2 cuil. à café de zestes de citron • 25 g de beurre • 600 g de fraises

❶ Préchauffez le four 180 °C (th. 6). Disposez la pâte dans un moule, piquez-la à la fourchette, recouvrez-la de papier sulfurisé et de billes de cuisson et placez-la au four 12 à 14 minutes jusqu'à ce que les côtés soient bien dorés, puis laissez-la refroidir. ❷ Pendant ce temps mélangez la fécule de maïs, le sucre et le jus de pomme dans une casserole, portez à ébullition en tournant de temps en temps. Laissez cuire environ 1 minute. Hors du feu, ajoutez le jus de citron, les zestes, le beurre et mélangez bien. Laissez refroidir. ❸ En attendant, équeutez les fraises et coupez-les en 2. Une fois que le mélange est froid, versez-en 2 à 3 cuillerées à soupe sur la pâte. ❹ Disposez ensuite les fraises sur la préparation et versez le reste de sauce par-dessus. ❺ Placez au frais pendant 3 heures et servez avec un petit peu de crème Chantilly… Un régal !

Smoothie abricot-pêche-pistache

1 | 10 min

8 abricots • 2 pêches • 4 boules de glace à la pistache • 20 cl de lait demi-écrémé • 1 cuil. à soupe de pistaches

❶ Lavez, dénoyautez les abricots et les pêches. Passez les fruits au mixeur avec le lait. ❷ Ajoutez la glace à la pistache et mixez à nouveau. ❸ Servez le milk-shake sans attendre, dans un grand verre avec une grosse paille.

Notre conseil : décorez le verre d'1 boule de glace et de quelques tranches d'abricot ou de pêche. Pour les plus grands, saupoudrez le dessus de pistaches concassées.

Salade de pâtes au melon

1 10 min 5 min

½ melon (petit) • 60 g de jambon de pays • 40 g de pâtes • 1 cuil. à soupe de grains de maïs • 20 g de fromage : mimolette, gouda • 2 brins de ciboulette • ½ cuil. à café de vinaigre de framboise • 1 cuil. à café d'huile d'olive

❶ Avec une cuillère parisienne, prélevez des billes dans la chair du melon. Réservez-les au frais. Découpez le haut du melon en dents de scie avec un couteau. ❷ Portez 1 litre d'eau légèrement salée à ébullition dans une casserole. Faites cuire les pâtes en suivant le temps indiqué sur le paquet. Égouttez-les, laissez refroidir. ❸ Placez-les dans un récipient, ajoutez les billes de melon, les grains de maïs et le jambon coupé en lamelles. ❹ Assaisonnez avec l'huile et le vinaigre. ❺ Garnissez le melon évidé avec cette préparation. ❻ Ajoutez le fromage coupé en triangles. Parsemez de ciboulette hachée.

Notre conseil : vous pouvez remplacer les lamelles de jambon de pays par du jambon blanc ou des cubes de blanc de volaille.

Boulettes de fromage frais, fruits secs et aromates

4 | 10 min

2 fromages frais • 4 cuil. à soupe de raisins blonds • 4 cuil. à soupe de noix concassées • 4 cuil. à soupe de paprika doux

❶ Versez les raisins, les noix concassées et le paprika dans 3 assiettes creuses. ❷ Découpez les fromages frais en cubes de la taille d'1 bouchée. Roulez-les entre vos mains pour former de petites boules. ❸ Enrobez les boulettes de raisins, de noix ou de paprika. Déposez-les sur une assiette et gardez au frais en attendant de servir.

Crêpes farcies jambon-épinards à la crème

4 · 20 min · 40 min · 30 min

Pour la pâte à crêpes : 125 g de farine • 2 œufs • 35 cl de lait entier • 40 g de beurre fondu • 2 cuil. à soupe d'huile d'arachide • 1 pincée de sel
Pour la farce : 4 tranches de jambon blanc • 300 g d'épinards hachés surgelés • 20 cl de crème • sel - poivre

❶ Mettez tous les ingrédients de la pâte à crêpes dans le bol d'un mixeur. Faites tourner l'appareil à petite vitesse pendant 1 minute, puis versez la pâte dans un récipient en la filtrant à travers un tamis. Laissez reposer 30 minutes. ❷ Huilez très légèrement la poêle. Faites-la chauffer à feu moyen. Versez-y une petite louche de pâte. Inclinez la poêle pour napper le fond. Dès que les bords se décollent, retournez la crêpe ou faites-la sauter. Laissez cuire l'autre côté. ❸ Préparez les autres crêpes, gardez-les au chaud sur une assiette posée sur une casserole d'eau frémissante. ❹ Faites fondre les épinards dans une casserole en remuant jusqu'à ce qu'ils soient décongelés, salez, poivrez, ajoutez la crème et laissez cuire encore 5 minutes. ❺ Déposez 1 tranche de jambon sur chaque crêpe, répartissez dessus les épinards à la crème, repliez les crêpes en 2 et servez immédiatement.

Variantes : vous pouvez garnir les crêpes de carottes, de pommes de terre et de champignons cuits coupés en morceaux avec un peu de volaille émincée nappée d'1 cuillerée à soupe de béchamel et parsemée de fromage râpé. Autres possibilités, selon les goûts de votre enfant : des champignons sautés et de la crème fraîche ; des asperges, de la béchamel et du parmesan ; des endives émincées sautées au beurre avec du jambon coupé en cubes, de la crème fraîche et de l'emmental ; de la viande hachée, avec oignons, sauce tomate et crème fraîche.

Croque-madame

4 | 10 min | 15 min

4 tranches de pain de mie • 4 œufs extra-frais • 2 tranches de jambon blanc • 100 g de fromage râpé • 20 g de beurre

❶ Écroûtez les tranches de pain de mie puis tartinez-les de beurre. Découpez le jambon aux dimensions du pain. Posez 1 lamelle de jambon sur chaque tranche de pain. Saupoudrez-les de fromage râpé. ❷ Passez sous le gril 5 minutes. ❸ Faites cuire les œufs au plat dans une poêle à revêtement antiadhésif. Déposez 1 œuf sur chaque croque. Servez.

Notre conseil : pour donner une forme régulière aux œufs sur le plat, utilisez des poêles à blinis ou des formes en silicone.

Pommes de terre jambon-fromage

4 15 min 40 min

4 grosses pommes de terre d'environ 200 g chacune • 100 g d'allumettes de jambon • 4 portions de fromage fondu

❶ Lavez les pommes de terre sans les peler, essuyez-les. Faites-les cuire pendant 20 à 25 minutes. Surveillez la cuisson, elles doivent rester fermes. Laissez-les tiédir. ❷ Préchauffez le four à 210 °C (th. 7). Découpez une calotte sur la partie supérieure de chaque pomme de terre. Retirez la pulpe avec une petite cuillère. Réservez-la pour une autre préparation. ❸ Répartissez les allumettes de jambon dans les pommes de terre évidées, complétez avec le fromage fondu. ❹ Enfournez et laissez cuire pendant 15 minutes environ. Servez sans attendre.

Tomates cerises au Saint-Môret®

1 · 15 min

4 tomates cerises • 50 g de Saint-Môret® • 10 brins de ciboulette • sel - poivre

❶ Lavez les tomates, coupez un chapeau dans leur tiers supérieur, puis évidez-les avec une petite cuillère. Salez l'intérieur et retournez-les pour qu'elles rendent leur eau. ❷ Ciselez la ciboulette. Mélangez le Saint-Môret® avec du sel, du poivre et la ciboulette. ❸ Farcissez les tomates avec ce mélange. Laissez au frais en attendant de servir.

Roulé d'agneau au fromage

1 | 10 min | 25 min

1 tranche fine d'agneau (découpée dans le gigot ou l'épaule) • 25 g d'emmental • 6 bouquets de brocolis • 2 champignons de Paris • 1 cuil. à café de crème fraîche • 10 g de margarine

❶ Préchauffez le four à 180 °C (th. 6). Coupez le fromage en bâtonnets. ❷ Placez sur la tranche d'agneau crue le fromage coupé. Roulez la tranche sur elle-même, fermez à l'aide d'une pique en bois. ❸ Placez le roulé d'agneau dans un plat allant au four, parsemez-le de parcelles de margarine, et faites cuire pendant 10 minutes environ. ❹ Accompagnez de bouquets de brocoli cuits 5 min à la vapeur, de champignons émincés revenus (pendant 10 min) dans une poêle. Nappez les légumes de crème fraîche tiède.

Aumônières de fruits au chocolat

4 | 15 min | 2 h | 10 min

Pour la pâte : 125 g de farine • 2 œufs • 35 cl de lait entier • 40 g de beurre fondu • 2 cuil. à soupe d'huile d'arachide • ½ cuil. à soupe de sucre • 1 pincée de sel
Pour la garniture : 4 cuil. à soupe de pâte à tartiner au chocolat • 4 cuil. à soupe de fruits au sirop

❶ Mettez tous les ingrédients de la pâte dans le bol d'un mixeur. Faites tourner l'appareil à petite vitesse pendant 1 minute, puis versez la pâte dans un récipient en la filtrant à travers un tamis. Laissez reposer la pâte pendant 2 heures. ❷ Huilez très légèrement une poêle. Faites-la chauffer à feu moyen. Versez-y une petite louche de pâte. Inclinez la poêle pour napper le fond. Dès que les bords se décollent, retournez la crêpe ou faites-la sauter. Laissez cuire l'autre côté. Faites cuire les autres crêpes. ❸ Étalez 1 cuillerée à soupe de chocolat à tartiner sur 1 crêpe. Ajoutez 1 cuillerée à soupe de fruits au sirop bien égouttés. Refermez la crêpe pour former une aumônière avec un ruban confectionné dans une feuille de papier aluminium. ❹ Préparez les autres aumônières. Réchauffez les aumônières quelques minutes à four chaud.

Clafoutis aux fruits d'été

4 30 min 30 à 35 min

80 g de farine • 65 g de sucre en poudre • 2 œufs • 200 ml de lait • 150 g de cerises • 100 g de mirabelles • 100 g d'abricots • 1 noisette de beurre

❶ Préchauffez le four à 180 °C (th. 6). Beurrez légèrement un moule. ❷ Versez la farine en puits dans une jatte. Ajoutez le sucre puis les œufs battus en omelette à l'aide d'une fourchette. Mélangez bien. Versez petit à petit le lait. ❸ Garnissez le moule de cerises, de mirabelles et d'abricots dénoyautés. Versez la préparation dessus. ❹ Faites cuire au four pendant 35 minutes environ. Laissez refroidir.

Notre conseil : vous pouvez aussi réaliser ce clafoutis avec des prunes, des quartiers de pommes, des tranches de kiwi ou d'ananas.

Brioche à l'orange

4 15 min 10 min

4 tranches de brioche carrée • 30 g de sucre • 100 g de poudre d'amandes • 1 blanc d'œuf • 1 orange non traitée • 20 g de beurre

❶ Préchauffez le four à 180 °C (th. 6). Beurrez un plat à four. ❷ Prélevez le zeste de l'orange avec un couteau Économe, râpez-le. Pressez le fruit. ❸ Fouettez le blanc d'œuf et le sucre dans une terrine. Ajoutez la poudre d'amandes, les zestes et le jus d'orange. Battez pour obtenir une crème. ❹ Étalez cette crème sur les tranches de brioche, déposez-les dans le plat à four. Faites cuire pendant 10 minutes. Servez tiède.

Gâteau de semoule à l'orange

4 à 6 · 20 min · 40 min

150 g de semoule fine • 75 cl de lait demi-écrémé • 4 œufs • 1 orange non traitée • 50 g de beurre + 10 g pour le moule • 50 g de sucre • 3 gouttes d'extrait de vanille • 1 pincée de sel

❶ Préchauffez le four à 180 °C (th. 6). Beurrez un moule à manqué. ❷ Prélevez le zeste de l'orange avec un couteau Économe et râpez-le. Pressez le fruit. ❸ Versez le lait dans une casserole, portez-le à ébullition, puis jetez la semoule en pluie en mélangeant avec une cuillère en bois. Ajoutez 1 pincée de sel et faites cuire à feu doux pendant 10 minutes environ, jusqu'à absorption complète du lait. Retirez du feu, puis incorporez le beurre coupé en parcelles, la vanille, le jus d'orange et les zestes. ❹ Battez les œufs entiers avec le sucre, ajoutez-les à la préparation. ❺ Versez dans le moule, et faites cuire au bain-marie pendant 30 minutes. Laissez refroidir le gâteau sur une grille, démoulez-le. Servez à température ambiante.

Cigares banane-chocolat

4 | 20 min | 2 h | 25 min

Pour la pâte : • 125 g de farine • 2 œufs entiers • 35 cl de lait entier • 40 g de beurre fondu • 2 cuil. à soupe d'huile d'arachide • ½ cuil. à soupe de sucre • 1 pincée de sel
Pour la garniture : • 4 bananes • 100 g de chocolat noir • 10 g de beurre

❶ Mettez tous les ingrédients de la pâte dans le bol d'un mixeur. Faites tourner l'appareil à petite vitesse pendant 1 minute, puis versez la pâte dans un récipient en la filtrant à travers un tamis. ❷ Huilez très légèrement la poêle. Faites-la chauffer à feu moyen. Versez-y une petite louche de pâte. Inclinez la poêle pour napper le fond. Dès que les bords se décollent, retournez la crêpe ou faites-la sauter. Laissez cuire l'autre côté. Faites cuire les autres crêpes de la même façon, gardez-les au chaud sur une assiette placée au bain-marie. ❸ Préparez la garniture : pelez les bananes. Faites fondre le beurre dans une poêle, faites cuire les bananes à feu doux pendant 10 minutes en les retournant à mi-cuisson. ❹ Faites fondre le chocolat au micro-ondes ou au bain-marie. ❺ Déposez 1 banane cuite au centre de chaque crêpe, arrosez d'un peu de chocolat, roulez la crêpe pour former un cigare. Servez tiède.

Variantes : vous pouvez farcir les crêpes avec des cerises au sirop chaudes à la cannelle, ou de la gelée de mûres, groseilles ou framboises, des amandes et du miel, du fromage blanc avec des fruits frais ou surgelés et du miel, ou encore des morceaux d'ananas, frais ou en boîte, avec raisins secs et du jus de citron.

Petites brochettes melon-figue-feta

4 20 min

1 gros melon • 4 figues • 4 tranches très fines de jambon de Bayonne • 18 cubes de feta

❶ Ouvrez le melon, retirez les graines et coupez la chair en dés. Coupez les figues en 4. Détaillez le jambon en lamelles. ❷ Enfilez en alternance sur de petites brochettes en bois les figues, le jambon, le melon et la feta. Servez bien frais.

Pommes hérissons

4 · 30 min · 35 min

4 pommes • 200 g d'amandes effilées • 4 cuil. à café de gelée de fruits rouges

❶ Préchauffez le four à 180 °C (th. 6). Pelez les pommes avec un couteau Économe sans les couper, ôtez le trognon avec un vide-pomme. Déposez-les dans un plat à four. ❷ Faites fondre la gelée de fruits dans une casserole, puis enduisez-en les fruits avec un pinceau. ❸ Versez 3 cuillerées à soupe d'eau dans le plat et faites cuire pendant 30 minutes environ. Surveillez la cuisson en plantant la lame d'un couteau au cœur d'un fruit : elle ne doit pas rencontrer de résistance. Sortez les fruits du four et laissez-les tiédir. ❹ Faites griller les amandes effilées dans une poêle à revêtement antiadhésif. Dès qu'elles sont dorées, retirez-les. ❺ Piquez les amandes dans la chair des pommes de façon à imiter les piquants d'un hérisson. Servez tiède.

Tartines aux fraises

4 · 5 min · 7 min

4 tranches de pain brioché • 20 g de beurre + 10 g pour le plat • 30 g de sucre cristallisé • 24 fraises Mara des bois

❶ Préchauffez le four à 210 °C (th. 7). Beurrez un plat à four. Beurrez les tranches de pain brioché puis saupoudrez-les de sucre. Déposez-les dans le plat et enfournez. Laissez cuire pendant 5 minutes environ. ❷ Lavez les fraises, essuyez-les délicatement et équeutez-les. Coupez-les en 2 si elles sont grosses. ❸ Déposez les fraises sur les tranches de pain et passez sous le gril pendant 2 minutes. Laissez tiédir avant de servir.

Yaourt rose

1 5 min

1 yaourt nature • 1 cuil. à café de coulis de fraises • 1 cuil. à café de vermicelles multicolores

❶ Dans un saladier, battez le yaourt et le coulis de fraises. Versez dans un verre. ❷ Mettez au frais jusqu'au moment de servir. Au moment de servir, saupoudrez de vermicelles multicolores.

Pâte à crêpes minute et idées de recettes

Pour 12 crêpes 15 min 4 min

125 g de farine • 2 œufs entiers • 350 ml de lait entier • 40 g de beurre fondu • 2 cuil. à soupe d'huile d'arachide • ½ cuil. à soupe de sucre

❶ Mettez tous les ingrédients (sauf le sucre si vous faites des crêpes salées) dans le bol d'un mixeur. ❷ Faites tourner l'appareil à petite vitesse pendant 1 minute, puis versez la pâte dans un récipient en la filtrant à travers un tamis. ❸ Huilez très légèrement la poêle. Faites-la chauffer à feu moyen. Versez-y une petite louche de pâte. Inclinez la poêle pour napper le fond. ❹ Dès que les bords se décollent, retournez la crêpe ou faites-la sauter. Laissez cuire l'autre côté. ❺ Farcissez la crêpe selon les goûts de l'enfant.

En aumônières sucrées

❶ Étalez 1 cuillerée à soupe de chocolat à tartiner. Ajoutez 1 cuillerée à soupe de fruits au sirop bien égouttés. ❷ Refermez la crêpe pour former les aumônières avec un ruban confectionné dans une feuille de papier aluminium. ❸ Réchauffez les aumônières quelques minutes à four chaud.

En aumônières salées

❶ Garnissez de carottes, de pommes de terre, et de champignons cuits coupés en morceaux. ❷ Ajoutez un peu de volaille émincée. Nappez d'une cuillerée à soupe de béchamel. Parsemez de fromage râpé. ❸ Formez une aumônière. ❹ Avant de servir, réchauffez les crêpes quelques minutes à four chaud.

Et aussi…

Autres garnitures salées

- des champignons sautés et de la crème fraîche ;
- des épinards à la crème et des petits cubes de jambon ;
- des asperges, de la béchamel et du parmesan ;
- des endives émincées sautées au beurre avec du jambon coupé en cubes, de la crème fraîche et de l'emmental ;
- de la viande hachée, avec oignons, sauce tomate et crème fraîche.

Autres garnitures sucrées

- des bananes nappées de chocolat chaud ;
- des cerises au sirop chaudes à la cannelle ;

- de la gelée de mûres, groseilles ou framboises ;
- des amandes et du miel (après 1 an) ;
- du fromage blanc, avec des fruits frais ou surgelés et du miel (après 1 an) ;
- des morceaux d'ananas, frais ou en boîte, avec raisins secs et jus de citron.

Index des recettes

DE 4 À 6 MOIS

Blanc de poulet jardinière (à partir de 6 mois) 40
Bouillon de carottes et laitue 17
Bouillon de haricots verts 18
Brandade de poisson 37
Citrouille au four 41
Compote d'abricots 42
Compote de cerises au fromage blanc 42
Compote de pommes 43
Compote pomme-banane 43
Compote pomme-poire à la cannelle 44
Crème à la ciboulette 30
Crème d'artichaut 29
Crème de banane au miel 44
Délice de légumes 19
Fruit au biscuit 46
Jambon à la purée de potiron 39
Lait au caramel 47
Lait de poule vanillé 47
Milk-shake banane 48
Mixé frais abricot-cannelle 49
Mixé frais aubergine-fromage blanc 38
Mousse aux cerises 48

Potage aux 3 légumes 21
Potage Crécy 20
Purée de fruits frais 45
Purée de poisson et artichauts 36
Purée de pommes de terre aux tomates 33
Purée de pommes de terre et de carottes à la viande 34
Purée de potiron à la banane 46
Purée de potiron au jambon 35
Purée des 3 P 31
Purée rose au poulet 32
Purée sucrée-salée 32
Soupe à la tomate 26
Soupe de courgettes 23
Soupe de pommes de terre 23
Soupe de pommes de terre au cresson 25
Soupe de potiron 22
Soupe froide au concombre 24
Velouté à la citrouille 28
Velouté d'endives 27
Velouté printanier 29

À PARTIR DE 7 MOIS

Artichauts marins 80
Aubergine farcie aux herbes 79
Bouillie de semoule à la ratatouille 68
Brandade d'épinards 65
Caviar d'aubergine au bœuf 67
Colcannon (plat irlandais) 74

Compote de poire à la vanille 82
Compote poire-abricot sur lit de crème 81
Crème de maïs 56
Crème de petits pois au jambon..................... 57
Crème de riz 58
Crème de volaille 59
Délice de poulet à la pêche 71
Entremet glacé à la banane..................... 82
Filet de cabillaud au fenouil..................... 76
Filet de merlan à la purée de brocolis 77
Flan aux épinards 69
Flan de courgette et comté 68
Flan de merlan et purée de haricots verts au cerfeuil 70
Fruits au cottage cheese 83
Hachis Parmentier 66
Lait clair de lune 84
Mousse de poire-ananas..................... 83
Pintade à la mousse de pomme..................... 72
Potage à la betterave..................... 51
Potage au cresson..................... 53
Potage aux courgettes râpées..................... 53
Potage mâche-poireau..................... 51
Potage minute 52
Poulet à l'estragon..................... 73
Poulet frais aux pamplemousses..................... 71
Purée d'artichaut au poulet 60
Purée de carottes..................... 63
Purée de courgette au citron..................... 57

Purée de fenouil 64
Purée de fraises citronnée 85
Purée de haricots verts 62
Purée d'endives au jambon 64
Purée de poisson 60
Purée de pommes de terre 62
Purée de potiron à l'œuf 61
Quenelles d'épinards au bœuf 75
Sole aux épinards 78
Soupe à la tomate 55
Soupe glacée aux concombres 54
Velouté de courgettes 55
Velouté vert amande 56

À PARTIR DE 8 MOIS

Alphabet, jambon et parfum d'estragon 87
Boudoirs de semoule au coulis de poire 112
Bouillie de céréales aux abricots 111
Compote de pommes biscuitée 107
Cottage cheese sucré-salé 96
Coulis de fraise sur purée de banane 107
Courgettes façon Parmentier 98
Crème de banane 106
Crème de tapioca salée 88
Crèmes à la vanille 108
Crémette aux céréales et à la banane 109
Dinde et riz aux petits légumes 105
Escalope de poulet et purée de haricots verts 101

Filet de merlan à la béchamel verte 104
Fouetté de fraises et fromage blanc à la madeleine . . . 110
Gratin de fenouil 97
Milk-shake aux fruits 109
Mousse d'abricots 114
Papillote de lapin à la sauge 100
Petit couscous à l'agneau 102
Petite ratatouille et sa polenta 99
Petit plat fraîcheur 96
Pomme-banane au four 106
Pommes de terre à l'anglaise 100
Potage à l'oseille 88
Potage de poulet au riz 87
Poulet à la provençale 103
Purée de betterave, mâche et carotte 90
Purée de carottes à la pomme 92
Purée de carottes au fromage 90
Purée de carottes au miel 91
Purée de fenouil au blanc de poulet 89
Purée de légumes au tapioca 93
Purée de lentilles 94
Purée de pêches au pain d'épices 113
Purée de tapioca 95

À PARTIR DE 9 MOIS

Banane et petits boudoirs 136
Caviar d'aubergine 123
Crème à l'orange 137

Crème de haddock. 122
Crème de riz au bouillon de légumes 121
Dinde aux marrons 131
Filet de colin à la tomate et aux champignons 130
Fondue de courgettes et de veau. 132
Galettes de dinde à la purée de potimarron 133
Gratin de potiron 126
Jardinière de légumes au veau. 127
Lapin verdurette. 134
Légumes verts au romarin et polenta au parmesan. . . 128
Mousse de quetsches aux biscuits roses. 138
Pâtes au jambon 129
Potage à la chinoise. 116
Potage alphabet. 117
Potage aux lentilles 118
Potage de semoule aux carottes. 118
Potage de tapioca à la tomate 115
Purée de nuages 123
Purée de pois cassés 125
Purée mimosa 124
Semoule au bouillon de légumes. 135
Semoule au lait 136
Soupe de citrouille et fromage blanc. 119
Truite à l'estragon. 129
Velouté de fenouil au fromage frais 120

À PARTIR DE 10 MOIS

Bœuf ficelle à la courgette 148
Clafoutis aux fruits 152
Crème d'agneau et asperges 144
Croquettes de poisson au chou-fleur 146
Filet de limande sur crème de céleri 147
Flan à la courgette 146
Mini-boulettes de fromage aux spaghettis de légumes 151
Mousse aux champignons 145
Potage de maïs au fromage fondu 140
Potage de pâtes aux légumes 141
Potage parisien 139
Poulet à la sénégalaise 149
Rôti de porc à la purée de pomme 150
Soupe au lait 143
Soupe de légumes au pistou 142
Soupe de pastèque 152

À PARTIR DE 12 MOIS

Aubergine au roquefort 174
Boulettes de poisson 173
Boulettes de saumon et purée de châtaignes 166
Boulghour sucré-salé 174
Brochettes de poissons 167
Brouillade aux champignons 177
Carottes et navets glacés 161
Caviar de tomates à l'ananas 155
Couscous aux petits légumes à la provençale 187

Crème au chocolat 189
Croque'thon 165
Délice glacé aux concombres 175
Fenouil et riz au blanc de poulet 179
Filet de merlan aux épinards 170
Filet de poulet basquaise 178
Flan de carotte, sauce tomate 156
Fondant de poivrons 176
Fondue de poireau et fenouil au poisson 168
Gaspacho de betterave rouge 154
Gâteau au yaourt 191
Gâteau de Savoie à la noix de coco 190
Gigot d'agneau et purée de potiron 181
Gnocchis de semoule au coulis de carottes 188
Gratin de blettes 162
Gratin de flétan au riz et à l'ananas 171
Gratin miracle 183
La farinette 184
Le charquican (ragoût chilien) 186
Marée au lait de coco 182
Mousse d'agneau aux petits légumes 180
Mousses rapides aux fruits 195
Œuf cocotte 163
Pain d'épices 192
Pain perdu à la cannelle 193
Pain perdu aux légumes 159
Papillote de cabillaud, mousseline de fenouil
à l'huile d'olive 169
Pâtes à la bolognaise 185

Petit beignet de banane.............................. 194
Petites boulettes de poisson, sauce tomate.......... 172
Petits flans aux carottes.............................. 157
Petits légumes de printemps.......................... 158
Poulet à la purée d'aubergines........................ 160
Salade de courgettes aux fines herbes.............. 154
Soles à l'avocat... 166
Tartelette fenouil et pomme.......................... 184
Velours d'asperges..................................... 153
Vermicelles aux œufs................................... 164

À PARTIR DE 13 MOIS

Aumônière de poisson surprise...................... 201
Cake aux olives.. 200
Chouquettes aux fruits................................. 214
Clafoutis au kiwi....................................... 208
Croissants de lune...................................... 209
Dinde en papillote..................................... 203
Gâteau aux pommes et à la citrouille............... 210
Madeleines à la fleur d'oranger...................... 211
Minestrone de printemps.............................. 197
Muffins aux fruits rouges............................. 213
Nouilles carbonara..................................... 198
Pain de poisson sauce rose........................... 205
Petite salade de concombre à l'œuf dur
et au fromage blanc................................... 199
Pomme surprise... 212
Porc grillé aux petits pois............................ 202

Poulet à la purée d'aubergines........................ 204
Riz cantonais 206
Riz mexicain.. 207
Salade composée 215

À PARTIR DE 18 MOIS

Boulettes de cabillaud aux petits légumes 220
Cabillaud aux légumes et au riz....................... 221
Cheesecake 241
Citrouille en gratin 222
Colin au quinoa, purée de tomate crue au persil 217
Crumble de poisson.................................... 218
Dés de poulet à l'espagnole 228
Douceur au chocolat 242
Endive au jambon et sirop d'érable 226
Flan à l'ananas....................................... 243
Flan de potiron 223
Fond d'artichaut gratiné, sauce au jambon............ 230
Galette des rois...................................... 244
Gnocchis à la Popeye.................................. 237
Gnocchis sauce au bleu d'Auvergne..................... 236
Gratin de chou-fleur à la bolognaise 227
Houmous, tomates cerises et olives noires 235
Îles flottantes 245
Madame Tomate... 234
Merlan au comté....................................... 219
Mini mont-blanc 248
Mousseline rapide de légumes verts 233

Muffins aux châtaignes.............................. 249
Œuf gloubi-boulga.................................. 238
Omelette à l'estragon et dés de tomate............. 239
Omelette aux légumes gratinée...................... 240
Pancakes au sirop d'érable......................... 247
Patates douces au jambon........................... 224
Petit tajine aux pruneaux.......................... 229
Pizza potimarron-tomate-mozzarella................. 231
Pomme de terre et veau haché, sauce à la crème
aux herbes... 232
Porc grillé aux petits pois........................ 224
Poulet vapeur, fenouil et tomate................... 225
Pudding à la vanille............................... 250
Riz au lait et coulis de framboises................ 251

À PARTIR DE 24 MOIS

Avocat aux crevettes............................... 254
Beignets de légumes................................ 255
Brochettes de bœuf au gruyère...................... 263
Champignons aux œufs............................... 264
Clafoutis aux tomates cerise....................... 275
Courgette farcie................................... 266
Crumbles pomme-poire............................... 279
Épinards à la crème................................ 264
Filet d'aiglefin en gratin......................... 258
Filet de bœuf au miel.............................. 260
Galette de pomme de terre, jambon et mozzarella.. 269
Galettes aux légumes............................... 270

Gâteau de légumes au poulet 272
Gratin de blé et purée de légumes.................. 267
Gratin de poisson 259
Haché de veau et riz aux épinards.................. 265
Lapin à la purée de petits pois....................... 261
Milk-shake abricot, pêche, pistache 277
Papillote de veau...................................... 262
Pâtes à la crème, oignon blanc et romarin 271
Pêches Melba... 281
Petite omelette aux pointes d'asperges 268
Petites crêpes à l'ananas 280
Porc aux carottes 256
Rochers orange-pomme................................ 282
Sandwich tomate-mozzarella......................... 273
Smoothie abricot-pêche-pistache.................... 285
Soupe aux pois cassés 253
Tarte aux fraises, sauce aux pommes 284
Tarte aux nectarines 283
Tartelettes au thon et à la ratatouille............... 276
Tartelettes aux épinards.............................. 274
Tomate surprise au saumon........................... 257
Yaourt glacé aux fruits................................ 278

À PARTIR DE 3 ANS

Aumônières de fruits au chocolat.................... 295
Boulettes de fromage frais, fruits secs et aromates... 288
Brioche à l'orange..................................... 297
Cigares banane-chocolat............................. 299

Clafoutis aux fruits d'été........................... 296
Crêpes farcies jambon-épinards à la crème.......... 289
Croque-madame 291
Gâteau de semoule à l'orange....................... 298
Pâte à crêpes minute et idées de recettes........... 304
Petites brochettes melon-figue-feta................. 300
Pommes de terre jambon-fromage 292
Pommes hérissons 301
Roulé d'agneau au fromage 294
Salade de pâtes au melon.......................... 287
Tartines aux fraises................................ 302
Tomates cerises au Saint-Môret®................... 293
Yaourt rose 303